ANDRÉ LAVERTUJON.

MONOGRAPHIE

DES

PRODUITS DE LA GIRONDE

AU PALAIS DE L'INDUSTRIE

BORDEAUX
TYPOGRAPHIE G. GOUNOUILHOU
PLACE PUY-PAULIN, 1.

1856

MONOGRAPHIE

DES

PRODUITS DE LA GIRONDE

AU PALAIS DE L'INDUSTRIE.

ANDRÉ LAVERTUJON.

MONOGRAPHIE

DES

PRODUITS DE LA GIRONDE

AU PALAIS DE L'INDUSTRIE.

BORDEAUX
TYPOGRAPHIE G. GOUNOUILHOU
PLACE PUY-PAULIN, 1.

1856

En commençant cette Monographie des produits de l'industrie girondine au Palais de l'Exposition, nous ne pouvons guère nous dispensèr de dire quelques mots de ce Palais lui-même, quoiqu'il ait été décrit bien des fois déjà et bien mieux que nous ne saurions le faire.

On a beaucoup parlé, et en assez mauvais termes, de l'architecture du Palais de l'Exposition. On a blâmé la disproportion qui existe entre la longueur et la hauteur de l'édifice; on a fort maltraité le portique et les groupes de sculpture qui le surmontent; mais en tout ceci les critiques n'ont oublié qu'une seule chose, se placer à un point de vue vrai. S'agit-il de juger le nouveau monument d'après Vitruve et Perrault? Rien de plus juste en ce cas et de moins contestable que tous ces reproches. Le Palais de l'Industrie peut être condamné sans appel aussi bien au nom du plein-cintre qu'au nom de l'ogive. Les Grecs, ni les Egyptiens, ni les Romains, ni les Français de Saint-Louis ou de Louis XIV, ne construisirent jamais dans un goût pareil. Mais jamais non plus ils n'eurent à célébrer une solennité comme celle dont Paris offrait, il y a quelques jours à peine, le spectacle. Ils taillaient la pierre et équarrissaient le bois pour abriter des rois, des héros ou des dieux. Nous avions, nous, à élever un temple au dieu des temps modernes : le Travail. Pour loger ce nouvel hôte, représenté sous les espèces les plus multiples et les plus diverses, il fallait une architecture nouvelle. Qu'on n'ait pas rencontré du premier coup la perfection, j'en tombe d'accord et ne saurais ni m'en étonner, ni m'en plaindre. L'architecture industrielle est encore à l'état naissant; elle se cherche et tâtonne; mais pour l'avenir, ayons confiance dans l'intelligence de nos artistes : le passé nous en répond.

Du reste, s'il est juste de reconnaître que l'aspect extérieur de l'édifice du carré Marigny, avec ses toits de zinc et ses annexes prolongées à perte de vue, n'est pas fait pour plaire à des yeux qui viennent d'admirer cette merveilleuse place de la Concorde que bornent les Tuileries, la Madeleine, le Garde-Meuble et l'Arc-de-Triomphe, — les plus beaux monuments de Paris, — il serait absurde de nier l'effet vraiment grandiose produit par l'aspect intérieur de l'Exposition. En entrant dans la grande nef, l'œil est ébloui et effrayé par toutes les magnificences accumulées dans cet immense parallélogramme, aux deux extrémités duquel le soleil fait flamboyer les verrières de M. Mareschal. A elle seule, la nef est l'Exposition universelle en raccourci; on y a entassé les chefs-d'œuvre de toutes les nations. D'un seul regard, ou peut embrasser à la fois cent objets qui vous attirent également : les pavillons de France, d'Angleterre, d'Autriche, de Prusse, de Hanovre, de Saxe, de Wurtemberg, de Suisse, de tous les peuples d'Europe; — des trophées d'armes, — des candélabres de cristal hauts de dix à douze pieds, — une immense glace de Saint-Gobain, — de splendides meubles anglais et français, — sous de riches tentures, la céramique autrichienne, — les vases moresques de M. Diebitch, de Berlin, — un paquebot minuscule dont la machine fonctionne comme si elle était de grandeur naturelle, — les sculptures en bois, les sculptures en bronze, — et les dentelles étalées dans une vitrine superbe, à côté d'un manteau de cour soie et or, — et les corbeilles galvanoplastiques pleines de fleurs naturelles, — et l'*Étoile du Sud*, de M. Halphen, qui scintille mieux qu'une étoile véritable sous sa cage de verre. Toutes ces lumières, toutes ces richesses, toutes ces couleurs s'emparent en même temps de vos yeux dans la plus étonnante confusion; ce n'est qu'après un long temps et de grands efforts que les objets se distinguent les uns des autres et que l'ordre s'établit. La première impression, — je ne parle que de ce que j'ai personnellement éprouvé, bien entendu, — est un ahurissement qui n'est pas exempt de souffrance; il faut s'habituer à ces splendeurs amassées dans un espace de 192 mètres de long sur 48 mètres de large, car telles sont les dimensions de la grande nef.

De cette nef, qu'on pourrait appeler le salon d'honneur de l'Exposition, on passe dans la rotonde des Panoramas, où s'étalent les splendides tapis des Gobelins, les porcelaines de Sèvres et les diamants de la Couronne; puis on pénètre dans la grande annexe consacrée aux machines, dont la porte principale avoisine l'entrée du Palais spécialement réservé aux beaux-arts. Quel étrange et merveilleux contraste! et comme il caractérise éloquemment l'esprit d'universalité des temps modernes! Annexe de peinture et de sculpture, annexe de la mécanique, sous quelque forme que la force intellectuelle se manifeste, tableau ou machine, art ou science, n'est-elle pas digne du même intérêt, de la même attention?

En parcourant la galerie du bord de l'eau, dans ce voyage à travers d'énormes masses de fer, de fonte, d'acier, destinées à creuser la terre, à briser les rochers, à parcourir l'espace, à sillonner la mer, en un mot à traduire dans sa plus grande énergie la puissance de l'homme, on oublie sans peine les toiles de Delacroix et de Ingres, et les cartons de Cornélius. Certes, c'est un grand plaisir que celui qu'on éprouve à contempler la locomotive Crampton, qui fait soixante lieues à l'heure; quand la Compagnie d'Orléans en attèlera une de ce modèle aux trains de Bordeaux, il sera possible de passer la matinée sur les fossés de l'Intendance et l'après-midi dans les galeries du Louvre. Mais malgré cela, on n'en ressent pas une joie moins grande à revoir, quelques pas plus loin, le plafond d'Homère et la barque du Dante.

Pour mettre de l'ordre au milieu de ce chaos d'envois venus de tous les points du globe, on avait créé une classification comprenant sept groupes principaux. Le premier, les industries ayant pour objet l'extraction ou la production des matières brutes; — le second, les industries ayant spécialement pour objet l'emploi des forces mécaniques; — le troisième, les industries fondées uniquement sur des agents physiques et chimiques, ou se rattachant aux sciences et à l'enseignement; — le quatrième, les industries se rattachant aux professions savantes; — le cinquième, manufacture des produits minéraux; — le sixième, manufacture de tissus; — le septième, ameublement et décoration, modes, dessin industriel, imprimerie, musique. — Ces groupes, contenant les désignations les plus générales, se subdivisaient en vingt-sept classes, subdivisées elles-mêmes en sections nombreuses. Nous épargnerons au lecteur cette nomenclature, d'une technologie quelquefois barbare, et au milieu de laquelle notre tâche consistera à chercher les produits envoyés par les industriels du département de la Gironde.

Nous rencontrerons les noms de nos compatriotes dans dix-huit classes différentes, sur les vingt-sept qui embrassent la totalité de l'Exposition ; nous aurons à enregistrer leurs fortunes diverses, depuis la modeste mention honorable jusqu'à la splendide grande médaille ; mais tous nous serviront à constater, dans l'ensemble, le premier succès remporté par l'industrie girondine à une Exposition universelle.

En inaugurant, il y a bientôt deux ans, la 9e Exposition de la Société Philomathique, M. Heurtier, conseiller d'État, directeur général de l'agriculture et du commerce, disait : « L'Exposition bordelaise est la préface de la » grande solennité de 1855. » Ces flatteuses paroles avaient créé à nos industriels des obligations morales qu'ils ont su remplir. D'un autre côté, nous avons cru ne pas entreprendre un travail inutile en essayant de présenter un tableau complet des produits envoyés par la Gironde au Palais de l'Exposition. Plus tard, quand notre ville aura parcouru les hautes destinées industrielles que lui promettent sa situation comme capitale intérieure et comme port, les nombreuses lignes ferrées dont elle est la tête, le développement considérable de la navigation sur les fleuves qu'elle commande, peut-être ouvrira-t-on ce petit volume avec curiosité pour y chercher les actes de nativité du Bordeaux moderne et l'histoire des premiers pas tentés, non sans bonheur, par le département de la Gironde sur le terrain industriel et manufacturier.

I.

LES PRODUITS DES LANDES.

Pins et chênes de M. CHAMBRELENT. — Procédé d'injection de M. BOUCHERIE. — Acacias de M. MOUSSILLAC. — Les riz de M. FÉRY.

L'amélioration des landes de Gascogne est depuis bien longtemps un but que les gouvernements se proposent, sans s'être jamais mis en route pour l'atteindre. Aujourd'hui que nous touchons à des faits pratiques et prochains, il est bien permis de dire que jamais question n'enfanta plus de chimères ! Que de plans non réalisés depuis Henri IV jusqu'à Napoléon Ier, sans remonter plus haut ! Le lecteur nous saura gré de notre réserve, car il ne tenait qu'à nous, en effet, de l'entretenir de l'*ager syrticus* et des villes ensevelies sous les dunes.

Au moment où Philippe II, en cela meilleur catholique que bon administrateur, expulsait les Maures d'Espagne, Henri IV, à qui l'on a prêté tant d'utopies, songea, dit-on, à établir dans les landes cette race industrieuse. Il avait un grand faible pour les latitudes sous lesquelles il était né; il espérait que les Maures transformeraient les déserts arides de la Gascogne en une riche contrée, comme ils l'avaient fait de plusieurs territoires de la Péninsule. Ce projet échoua devant les préjugés que nourrissait alors le peuple contre tout ce qui n'était pas chrétien. Il est curieux de remarquer la similitude qui existe entre la conception du premier des Bourbons et les plans de l'Empereur Napoléon.

L'Empereur, écrivait récemment M. Valserres, voulait faire des landes « le jardin de sa vieille garde. » Nous ne savons si ce mot est authentique, mais il n'est pas douteux que l'idée qu'il rend entra dans l'esprit de Napoléon. Au mois de janvier dernier, nous l'entendions affirmer, en termes moins fleuris et plus explicites, par un vieux soldat qui habite Bordeaux : « Un jour que mon général me parlait de mon pays, nous dit-il, il me conta que l'Empereur avait eu le projet, après la paix signée, de transporter dans les landes 150 mille soldats munis de tentes, de baraques et d'outils aratoires de toute espèce. Là, on les aurait militairement employés à défricher et à canaliser, tout en les nourrissant et en les payant comme en temps de campagne. Au bout de deux ou trois ans, cette terre serait devenue excellente, retournée, cultivée et *fumée* par ces 150 mille hommes. Alors on eût procédé à des distributions de lopins plus ou moins gros, selon les grades. Malheureusement, la paix ne se fit pas. »

On comprend de reste, d'ailleurs, que cette question de l'amélioration et de l'assainissement des landes ait attiré et séduit tous ceux qui aiment à faire le bien dans des conditions éclatantes. Ajoutons aussi qu'elle renferme un attrait de plus, en cela que si le mal à guérir est très-grand, le remède semble, en apparence, d'une excessive facilité.

Lorsqu'on jette les yeux sur une carte de la Gironde, voici à peu près ce que l'on voit : un carré imparfait, dont le plus grand côté confine à la Dordogne et à la Charente-Inférieure en s'en allant vers la mer, dont le plus petit côté s'appuie au département des Landes.

Coupé en deux portions inégales par la Garonne prolongée de la Gironde, ce morceau de terre, d'environ 900,000 hectares, présente l'opposition la plus tranchée. A gauche, des milliers de lignes s'entremêlent pour configurer de nombreuses et populeuses communes. Là, pas un pouce de terrain inoccupé; les noms connus dans l'industrie, l'agriculture et le commerce, y fourmillent. A droite, au contraire, et quoique sur une étendue presque triple, le spectacle se transforme complétement. Il y a bien Bordeaux, et au-dessus et au-dessous de la grande ville quelques bourgs dont les noms jouissent d'une universelle et solide popularité : Margaux, St-Julien, St-Estèphe entre autres; mais tout cela se presse, se blottit le long des bords du fleuve, et si l'on avance du côté de la mer, on ne trouve que la solitude.

Pour laisser parler les chiffres, disons que sur les 900,000 hectares qui forment la Gironde, 240,000, en partie sur la rive droite, sont de fertiles plaines, des vignobles renommés; le reste, 600,000 hectares à peu près, sur la rive gauche, appartient à la lande, cette désolée patrie de la fièvre, et où le cadastre n'a marqué que des points vagues et clairsemés. Tel est le département de la Gironde. Il y a en France, d'après les statisticiens, 5,000 lieues carrées de terres inutiles; il y a la Bretagne, la Brenne, la Sologne; mais nulle part le voisinage de l'extrême prospérité et de l'extrême misère ne se présente dans un contraste si effrayant.

La lande bordelaise, qui se déroule triangulairement vers la pointe d'Arcachon, entre Lesparre et Bazas, est un désert du plus désolant aspect. Le sol est maigre, sablonneux, et ne produit que de la bruyère et des ajoncs. De place en place, on rencontre de larges flaques d'eau pluviale, qui se changent, l'été, en marais pestilentiels. Les maisons sont rares dans le pays, et les villages encore plus. Les hommes qui les habitent leur donnent, à de certaines époques, en automne par exemple, l'air de ces maladreries où la peur intolérante du moyen âge reléguait les malheureux atteints de maux contagieux. La fièvre est l'hôtesse assidue des landes pendant la saison chaude de mai à octobre, et elle s'y montre dans toutes ses variétés et avec toutes ses épithètes : fièvre tierce, quarte, fièvre maligne, fièvre putride, fièvre scorbutique, et bien d'autres.

Hâtons-nous de le dire pourtant, ce triste tableau que nous venons d'indiquer à grands traits est, comme tous les tableaux trop généraux, susceptible d'être adouci dans les détails. Et d'abord, depuis l'ouverture du chemin de fer, depuis la création de certaines routes, la lande n'est pas partout aussi morne, aussi abandonnée, aussi tristement habitée que nous l'avons dit. On va voir, d'ailleurs, que ce pays, que l'on considère généralement comme condamné à une stérilité éternelle, peut devenir, — parlons plus affirmativement, — est déjà un foyer d'incalculables richesses.

I.

Le sol des landes est composé d'un sable presque entièrement pur qui le rend impropre à la culture des céréales; mais il est merveilleusement doué pour produire les végétaux ligneux, tels que le pin, le chêne, l'acacia. Le pin surtout y prospère admirablement, et nous aurons à parler, au chapitre des produits chimiques, de l'importante industrie dont les arbres résineux sont la source dans notre département.

Comme nous l'avons dit plus haut, le plateau des landes, élevé à 50 mètres au-dessus des vallées, est pendant l'hiver couvert de larges nappes d'eau; quand arrivent les brûlantes chaleurs de l'été, il se transforme en un désert sec et sablonneux, — tour à tour victime de l'inondation et de la sécheresse. Les causes de l'inondation sont dans un sous-sol imperméable, composé d'alios, et dans la disposition particulière du terrain, qui est tellement plat, que le moindre accident en contre-pente suffit pour arrêter l'écoulement des eaux. Ajoutons aussi qu'au-dessous de la couche d'alios creusée à une faible profondeur, se rencontre une nappe d'eau étendue sur un banc de sable et qui ne tarit jamais. Cet état des lieux était indispensable à constater, car c'est lui qui a inspiré le système d'ensemencement et d'assainissement que nous allons exposer, en fournissant naturellement un double procédé pour supprimer l'inondation hivernale et obvier aux sécheresses de l'été; lui seul aussi peut expliquer la modicité des dépenses qu'exige ce système.

Au printemps de 1850, M. Chambrelent, propriétaire de 500 hectares de landes dans la commune de Cestas, entreprenait de les assainir et de les ensemencer avec des glands et des graines de pins. En hiver, on ne pouvait circuler dans ces landes qu'avec des échasses. M. Chambrelent fit creuser des fossés en ligne droite de 0m40 de profondeur moyenne, avec un plafond régulier et parallèle à la pente générale du terrain. Chaque hectare nécessita 400 mètres de fossés et six plate-bandes de semis travaillés, de 90 mètres de longueur sur 100 mètres de largeur, et le coût total de ces travaux, les défrichements et la fourniture des graines, ne s'éleva qu'à 52 fr. 20 c. A la saison suivante, le terrain était parfaitement asséché. Restait à prévenir les terribles effets des soleils d'été. M. Chambrelent fit creuser de simples ouvertures de 2 mètres de profondeur sur tous les points de la lande que désignaient les commodités de l'arrosement. Ces puits naturels fournissent de l'eau dans la saison la plus brûlante.

Lorsqu'on annonça l'Exposition universelle, M. Chambrelent, dans le but de hâter la solution du problème de l'assainissement et de la culture des landes, résolut d'envoyer à Paris des spécimens de pins et de chênes choisis dans sa plantation de Saint-Albans. Après la pousse de 1854, en présence d'un juge de paix, d'un ancien inspecteur des forêts et de huit personnes qui avaient elles-mêmes fait les semis, des arbres furent arrachés et coupés dans les semis de Cestas. Le juge de paix les scella, et un acte de notoriété fut dressé. Ces spécimens présentaient jusqu'à 0m10 de diamètre au collet, et 4 mètres de hauteur.

Malgré ces précautions, lorsque ces produits arrivèrent à Paris, ils soulevèrent partout une incrédulité générale ; le mot de mystification fut prononcé par les gens qui se prétendaient les plus connaisseurs. On n'attaquait pas encore la bonne foi de l'exposant, mais sa simplicité. Il avait été trompé, disait-on ; la chose était impossible.

Le jury de la deuxième classe, composé des professeurs du Jardin des Plantes et des hommes les plus savants en botanique, en histoire naturelle et en art forestier, crut même remarquer dans ces arbres la preuve d'un âge supérieur à celui qu'on annonçait. Les bois furent portés au Jardin des Plantes, coupés, sciés, limés dans tous les sens ; enfin, après un long et minutieux examen, on décida qu'un inspecteur des eaux et forêts irait, une notice de M. Chambrelent à la main, parcourir ses semis, en mesurer les arbres et constater authentiquement la mystification.

L'inspecteur des forêts, qui se transporta

sur les lieux, sans prévenir le propriétaire dont il n'était pas connu, ne consacra qu'une demi-journée à son examen. Il ne vit même pas les parties les plus belles; néanmoins, son rapport parut si avantageux, qu'un des ingénieurs de l'Autriche, le plus capable dans l'art forestier, M. Kreuter, crut devoir venir lui-même procéder à un nouvel examen.

M. Kreuter avait pour mission, non-seulement d'étudier les localités avec une scrupuleuse attention, mais aussi de rechercher si les travaux faits par M. Chambrelent pouvaient être appliqués dans toutes les landes.

L'inspection de M. Kreuter fut des plus complètes. Il passa quatre jours dans le pays, visitant et interrogeant tout. Il vit les cinquante lieues de fossés que M. Chambrelent a ouverts chez lui; il compara les semis à d'autres, exécutés à des prix plus élevés. Il constata, notamment, à l'égard des travaux de dessèchement, un détail des plus remarquables. Dans les landes achetées par M. Chambrelent en 1849, il avait été fait un essai de semis en 1843 sur une étendue de 6 hectares. Ce semis, tenté dans de mauvaises conditions, avait si peu réussi, que le propriétaire n'avait pas cru devoir le continuer. En prenant les landes en 1849, M. Chambrelent fit creuser de suite les fossés d'assainissement, et pratiquer des éclaircies au milieu du semis. Ces opérations réussirent si bien, que tous les arbres conservés présentent aujourd'hui en moyenne une hauteur de 10 mètres et une circonférence de 0^m60 à 0^m70 au pied. Ce résultat frappa tellement l'ingénieur allemand, qu'il demanda qu'on abattît un de ces arbres et voulut en emporter plusieurs rondelles : « convaincu, dit-il, que chacun des membres du jury désirerait avoir un spécimen de ces admirables végétations. »

M. Kreuter parut encore plus frappé des magnifiques résultats obtenus par la culture du chêne chez M. Chambrelent. Il a trouvé si vigoureuse et si précoce la végétation de cet arbre, le plus précieux de tous pour nos constructions maritimes, qu'il a voulu savoir si cette excessive hâtiveté dans la croissance ne nuisait pas à la qualité du bois. Nous savons qu'il a recueilli à cet égard tous les renseignements qu'ont pu lui fournir les différents propriétaires des chantiers de construction.

Le résultat de cette enquête a été des plus favorables au chêne de nos landes, qui grandit et se développe admirablement dans les terrains de sable assainis. Ce n'est pas la première fois, d'ailleurs, que ce fait était signalé, et depuis longtemps les ingénieurs de la marine impériale, notamment ceux de Rochefort, avaient déclaré le chêne landais *bien supérieur au chêne du Nord.*

On peut, du reste, citer l'ouvrage si remarquable de M. Bonnard (1), inspecteur général des constructions maritimes, dont l'opinion fait loi en matière de bois de marine. Lui aussi, signale le chêne des landes comme le plus propre aux constructions navales. Après avoir démontré combien ce bois est précieux pour nos arsenaux et combien sa culture dans nos landes enrichirait la France, il ajoute : « Il est bien fâcheux » que de si belles ressources soient annulées » par l'état de ce pays, où n'existe d'abord » aucun chemin, et où le terrain est maintenu » presque partout dans un état de marécage » stérile et malsain, par suite du défaut d'é- » coulement des eaux sur un sol plat et im- » perméable. »

C'est précisément cet état de marécage malsain et infécond que les projets d'assainissement exposés font complétement disparaî-

(1) *Des forêts de la France, etc.* Paris, 1826.

tre, avec une dépense qui ne va pas à 60 fr. par hectare.

Nous devons rappeler ici qu'un réseau de routes agricoles et une route de ceinture ne tarderont pas à être ouverts dans les landes girondines. Il est juste d'ajouter qu'en sa qualité d'ingénieur ordinaire, le propriétaire des bois de Saint-Albans a pris la part la plus active aux études préliminaires de ce double projet.

L'intérêt que nous apportons à l'amélioration des landes, l'importance des questions d'avenir que soulève l'examen des travaux de M. Chambrelent, nous imposent de ne pas conclure nous-même sur ce point, et de céder la parole à des voix plus autorisées. Nous allons donc citer les lignes qui terminent le rapport du jury de la deuxième classe, composé de MM. Milnes, Edwards, Brogniart, Decaisne et autre célébrités scientifiques. Devant cette pièce tomberont sans doute les incrédulités et les critiques dont l'entreprise de M. Chambrelent a été l'objet.

« Considérant, dit ce rapport, que M. Chambrelent a fécondé une terre stérile et où depuis plusieurs siècles ont échoué bien des tentatives de culture ; qu'il a opéré sur une large échelle et qu'il serait très-désirable que des travaux si utiles fussent pratiqués sur toute l'étendue des landes; qu'il n'y a aucune raison de ne pas espérer dans l'avenir un succès égal au succès présent; qu'enfin, il a consacré à cette œuvre de longs travaux et des capitaux importants pour lui, le jury aurait voulu pouvoir récompenser par une médaille d'or l'agriculteur habile et le novateur. S'il ne l'a pas fait, c'est que pour accorder cette récompense exceptionnelle, la Commission Impériale exigeait la consécration du temps, et qu'ici l'œuvre, sans inspirer de doutes pour l'avenir, ne date cependant que de quatre ans. La deuxième classe a donc proposé pour M. Chambrelent la plus haute récompense qu'elle lui pût donner, la médaille de première classe.

» Mais cette récompense seule ne répondait pas suffisamment à l'appréciation du jury. Les résultats obtenus par M. Chambrelent lui ont paru constituer un service extraordinaire rendu à la science agricole, dans la grande question de la mise en valeur des landes. Il a désiré pour son auteur une de ces distinctions que, sur la recommandation du Conseil des Présidents, Sa Majesté l'Empereur s'est réservé le droit d'accorder en dehors des récompenses dont dispose le jury.

La deuxième classe n'a donc pas hésité à faire en faveur de M. Chambrelent la seule demande de ce genre qu'elle se soit permise ; et considérant que la nature spéciale et exceptionnelle des services rendus mettait l'exposant en dehors des prescriptions ordinaires relatives aux promotions dans l'ordre impérial de la Légion-d'Honneur, elle a décidé qu'une recommandation serait sollicitée du Conseil des Présidents pour que Sa Majesté voulût bien accorder la croix d'officier à M. Chambrelent. »

Conformément aux conclusions qu'on vient de lire, M. Chambrelent a obtenu une médaille de première classe et la décoration demandée pour lui par le jury.

Après nous être occupé de l'art qui a pour but la création et le développement des essences forestières, nous passons, par une transition naturelle, aux découvertes scientifiques, qui concèdent, en quelque sorte, un brevet d'immortalité à ces matières rendues si précieuses par les défrichements nombreux et les nécessités croissantes de la consommation. Ce serait dépasser les limites de ce chapitre, déjà trop long, que d'exposer ici, dans tous ses détails, la belle invention du docteur Boucherie : elle a été l'objet de nombreuses distinctions ; les travaux spéciaux, les rapports de Sociétés savantes, et plus encore la vulgarisation des produits préparés d'après elle, l'ont fait connaître à tout le monde. Nous craindrions de répéter inutilement ce que chacun sait ; nous serons donc aussi concis que possible.

Depuis longtemps on employait le sulfate de cuivre pour la conservation des bois, mais à l'aide d'une méthode imparfaite qui ne réussissait à préserver de la décomposition qu'une première écorce plus ou moins épaisse. M. Boucherie, par un rapprochement d'une grande simplicité, comme tout ce qui caractérise les belles inventions, choisit la nature elle-même pour guide et pour collaborateur. Personne n'ignore que les végétaux ligneux s'alimentent par un système qui a d'assez frappantes analogies avec la circulation du sang chez les animaux : la sève, sucée par les mille bouches des racines de l'arbre, monte et se répand jusque dans les parties les plus extrêmes, au moyen des canaux qui sont comme les veines du végétal. Dans un arbre fraîchement coupé, ces canaux restent vides en partie, car le mouvement ascensionnel de la sève continue même après l'opération; dans les parties supérieures, la sève s'arrête, cessant d'être poussée par l'arrivée de sucs nouveaux, et c'est là une cause de corruption pour l'avenir. M. Boucherie a su utiliser ces faits naturels : l'arbre, aussitôt coupé, est plongé dans une cuve pleine de sulfate de cuivre; cette substance s'infiltre ainsi dans tous les conduits, et expulse graduellement la sève qu'elle remplace. Cette opération, grâce aux perfectionnements apportés par l'inventeur, peut se pratiquer sur des bois de toutes les dimensions.

M. Boucherie avait exposé des traverses en bouleau, en chêne et en orme, qui ont été enterrées pendant huit ans, pour supporter les rails d'un chemin de fer; à côté d'elles, on pouvait voir des traverses de même bois, ayant séjourné dans les mêmes terres et pendant le même espace de temps : les premières sont aujourd'hui aussi saines que si elles n'avaient jamais servi; ce miracle est dû à la préparation que leur avait fait subir M. Boucherie. Les autres tombent en pourriture. Nous demandions à une personne compétente quelle durée au juste on pouvait assigner aux bois injectés par le système Boucherie : « La chose est presque impossible, nous fut-il répondu; car les causes naturelles de dépérissement sont complétement supprimées. »

M. Boucherie neveu a exposé un appareil qui apporte de grands perfectionnements à la méthode d'injecter les bois. La maison Boucherie, Dumoulin et Dulys, exploite cette belle invention dans deux ateliers à Bordeaux, et elle fournit aux chemins de fer des traverses et des poteaux pour la télégraphie électrique. — M. Boucherie a obtenu une grande médaille d'honneur.

En parlant des végétaux ligneux qui prospèrent le plus facilement sur le sol sablonneux des landes, nous avons nommé l'acacia. M. Moussillac, de La Réole, a eu l'idée d'employer cet arbre à la confection des cercles de barriques. Les gens du métier, en assez grand nombre, ont fait un bon accueil à l'invention de M. Moussillac, et en augurent très-favorablement pour l'avenir. Les modèles exposés semblent en tous points dignes d'éloges. Mais, si nous sommes bien informés, les cercles d'acacias n'ont pas encore été fabriqués sur une grande échelle. Or, la pratique seule peut donner une consécration sérieuse à l'innovation de l'industriel Réolais. Du reste, M. Moussillac a obtenu une mention honorable.

II.

Pour terminer cette étude sur les produits des landes, il nous reste à parler des riz exposés par M. Féry, directeur-gérant des rizières de La Teste.

C'était encore une question en litige, il y a trois ou quatre années, que l'acclimatation du riz dans les solitudes landaises. Aujourd'hui, il est démontré que cette plante peut prospérer dans toutes les parties de la lande, et elles sont nombreuses, où les travaux d'irrigation ne présentent pas de difficultés. Ce succès, du reste, n'a pas été obtenu d'emblée. Nous avons sous les yeux un tableau qui marque, année par année, l'accroissement successif de l'entreprise de M. Féry : En 1848, il ensemençait 4 hectares 35 ares;—en 1849, 7 hectares 84 ares 84 centiares; — en 1850, 47 hectares 72 ares; —en 1851, 99 hectares 22 ares 99 centiares; —en 1853, 215 hectares 51 ares;—en 1854, 265 hectares. On voit par quelle patiente gradation ont passé les rizières de La Teste pour atteindre le degré de développement où elles sont parvenues. Pour se faire une idée exacte de la distance qui sépare 1848, l'année du début, de l'année qui vient de s'écouler, qu'on jette un coup d'œil sur l'ensemble des travaux exécutés pendant 1854. Ils consistaient : dans l'exploitation de 250 hectares de rizières et de 16 hectares de cultures sèches; dans la création de 4 hectares de prairies; dans la préparation pour rizières de 50 nouveaux hectares; dans la construction d'un magasin; enfin, des bestiaux et des machines devaient être achetés, et une route agricole ouverte. Pour subvenir à toutes ces dépenses, le budget s'élevait à 72,668 fr. Cette énumération dit mieux que nous ne pourrions le faire le succès obtenu.

Les riz employés à l'ensemencement des landes de La Teste, sont le nostrano et le chinèse. Ce dernier surtout donne des produits vraiment beaux, et qui, à l'annexe de l'agriculture, ont frappé l'attention des connaisseurs. Le nostrano, natif des chaudes plaines piémontaises, a été reconnu trop tardif pour le climat dés landes. M. Féry l'a remplacé par une variété obtenue à La Teste, au moyen d'un choix successif des épis les plus avancés.

Les produits des rizières landaises ont remporté treize médailles à différents concours : l'exposition de Londres leur décernait une médaille de prix, et la dernière exposition de Bordeaux une médaille d'or. L'exposition universelle vient de leur accorder une définitive sanction en les récompensant par une médaille de deuxième classe. Nous avions donc raison de le dire plus haut, la récolte du riz est bien sérieusement acclimatée dans les landes girondines : « Depuis le succès bien constaté de 1850, nous écrivait récemment M. Féry, presque tous les cultivateurs des landes irrigables, dans le canton de la Teste, se sont mis à cette culture. En 1854, elle couvrait environ 500 hectares et elle a produit plus de 12,000 hectolitres; elle se développerait plus rapidement encore sans la rareté de plus en plus sensible des bras. Bien que l'exploitation des rizières soit la plus simple, la moins exigeante de toutes les cultures, et qu'elle emploie de préférence les femmes, les enfants, les vieillards, elle se ressent de la pénurie des bras, qui est générale dans les campagnes, tandis que les villes regorgent de travailleurs oisifs. Le seul canton de La Teste pourra produire 100,000 hectolitres de riz, dès que les ouvriers ne lui feront plus défaut. »

On évalue à 180 fr. par an le revenu net d'un hectare ensemencé de riz, bénéfice énorme lorsqu'on se rappelle que les terrains ainsi utilisés n'avaient fourni jusqu'à présent que de maigres pâturages.

Nous avons consacré une large place aux produits des landes, obéissant aux mêmes motifs sans doute que ceux qui ont dicté les décisions du jury international. L'œuvre à accomplir dans les déserts qui s'étendent sur la rive gauche de la Gironde est si grande, si juste, si morale, qu'on ne saurait trop jeter de lumière sur ceux qui ont donné le premier exemple. Il s'agit — qu'on y songe — d'arracher à l'abrutissement et à la fièvre toute une population; d'assainir une vaste étendue de marécages, et de doter le pays de richesses nouvelles, en transformant des plaines arides et inutiles en magnifiques forêts, en belles plantations. Le temps qui aura vu une si haute entreprise menée à terme, comptera ce succès, nous osons l'affirmer, parmi la première de ses gloires.

II.

AGRICULTURE.

I.

Les plans de drainage de M. de Bryas. — Les outils aratoires de MM. Hallié, Maréchal, Troubat, Lousteau fils et Dussacq, et Boireau.

Vers le milieu de cette longue tente recouverte de toile diaphane formant l'annexe de l'agriculture, s'élevait une construction rustique qui abritait sous son toit de chaume quelques mètres carrés de terrain coupés de tranchées : nous voulons parler du chalet de M. de Bryas. Dans ce petit espace, l'exposant avait trouvé moyen d'établir un spécimen complet des travaux divers que nécessite le drainage : des fossés suivant une pente légère, resserrés à la base et s'élargissant à l'orifice; au fond de ces fossés, des tuyaux en terre cuite posés bout à bout, et recouverts à leur point de jonction d'un petit tas de cailloux; le long des fossés, les terres prêtes à être rejetées sur les tuyaux; puis, tout autour, des bêches recourbées, des fourches à trois et à cinq dents, des curettes pour retirer la terre, une dame en fer pour aplanir le terrain avant la pose des tuyaux; enfin, des plans représentant l'ensemble des travaux exécutés sur la propriété du Taillan : tel est, en quelques mots, le spectacle qu'offrait le chalet du drainage.

C'est là que, de neuf heures du matin à cinq heures du soir, les visiteurs désireux de s'instruire rencontraient l'infatigable M. de Bryas, distribuant ses brochures avec une profusion inépuisable, expliquant son système, répondant aux objections avec une patience et un courage qui ne peuvent être assez loués. De toutes les parties du Palais, l'annexe de l'agriculture était celle où régnait l'atmosphère la plus étouffante, et pourtant les curieux encombraient sans cesse les siéges de forme champêtre dont M. de Bryas avait eu soin de munir les abords de son chalet. Sans doute, ce dernier détail contribua souvent à donner pour auditeurs au fervent apôtre du drainage les promeneurs fatigués. Quand on veut que les hommes vous permettent de leur être utile, il faut savoir leur être agréable. Mais, outre la foule banale qui se succédait sans cesse autour de l'exhibition de M. de Bryas, que de visiteurs illustres! tous les présidents des Sociétés savantes de l'Europe, l'Empereur, le prince Napoléon, la reine Victoria, le prince Albert. Le chalet du drainage a été le grand succès de l'Exposition agricole.

Maintenant, disons, le plus brièvement que nous pourrons, quel est cet art nouveau, inconnu hier, populaire aujourd'hui : le drainage, et dans quelle mesure M. de Bryas a contribué à sa vulgarisation.

Un agriculteur du Lot-et-Garonne, M. Martinelli, formulait un jour, dans une comparaison claire et imagée, toute la théorie du drainage. A notre avis, pour expliquer le but et les moyens d'une industrie, mieux valent souvent les vives images que les descriptions techniques, dont la sécheresse rebute. « Prenez ce pot de fleurs, disait M. Martinelli; » pourquoi ce petit trou au fond? Je vous demande cela parce qu'il y a toute une révolution agricole dans ce petit trou. Il permet

» le renouvellement de l'eau, l'évacuant à » mesure. Et pourquoi renouveler l'eau ? » Parce qu'elle donne la vie ou la mort : » la vie, lorsqu'elle ne fait que traverser la » couche de terre, car d'abord elle lui aban- » donne les principes fécondants qu'elle porte » avec elle; ensuite, elle rend solubles les » aliments destinés à nourrir la plante; — la » mort, au contraire, lorsqu'elle séjourne » dans le pot, car elle ne tarde pas à se cor- » rompre et à pourrir les racines, et puis » elle empêche l'eau nouvelle d'y pénétrer. » Le drainage n'est que ce petit trou du pot » de fleurs ménagé dans tous les champs. »

L'art de drainer a donc pour but le dessèchement et l'assainissement des terrains marécageux, au moyen de tranchées ouvertes au-dessous de la couche arable et munies dans le fond de tuyaux légèrement inclinés qui débarrassent le sol des eaux surabondantes. Il est à peu près certain que les récoltes insuffisantes coïncident avec les années pluvieuses, et que cette insuffisance est surtout remarquable dans les terres qui, par la nature de leur couche arable ou la constitution de leur sous-sol, retiennent facilement l'eau. Très-fertiles en temps sec, elles deviennent presque complétement stériles quand les pluies sont trop fréquentes. Si nous ajoutons à ceci que les terrains rétentifs de l'eau forment en France le quart environ du pays livré à la culture, dix millions d'hectares, on comprendra quelle immense importance doit avoir une méthode d'asséchement aussi efficace que le drainage.

Nous pouvons en donner une idée plus précise au lecteur, en quittant un moment les produits girondins, pour dire quelques mots d'un tableau à surface verticale placé non loin du chalet de M. de Bryas, et portant le nom de M. Vandercolme, de Dunkerque, avec ce titre : *Le Pain à bon marché.* Deux poignées d'épis seulement occupaient ce tableau : les premiers, peu nombreux, courts et maigres, provenaient de la récolte d'un centiare de terre non drainée; — les seconds, abondants, longs, lourds, à paille forte, représentaient le produit d'un centiare de la même terre régénérée par le drainage. M. Vandercolme, après des expériences certifiées par le Comice agricole de Dunkerque, croit pouvoir évaluer comme il suit les résultats du drainage par hectare de terre : — terrain non drainé, 17 hectolitres de blé ; — terrain drainé, 22 hectolitres. — Qu'on applique ces proportions aux dix millions d'hectares qui souffrent presque constamment de l'excès d'humidité en France, et l'on verra quel énorme accroissement le drainage apporterait à la production de notre sol en céréales.

A un autre point de vue, le drainage a une haute portée d'humanité, puisqu'il fait disparaître les causes les plus actives de la fièvre, ce fléau des campagnes. Il est un instrument d'hygiène publique, et à ce titre seul, il mérite les plus grands encouragements. Nous avons déjà constaté, en parlant des landes, les excellents effets produits par les fossés d'écoulement, qui ne sont autre chose que du drainage, moins l'emploi des tuyaux de poterie.

C'est en 1846 que le drainage a été adopté par l'agriculture française. Six ans plus tard, M. de Bryas, frappé des résultats obtenus en Angleterre et en Flandre par cette méthode, la mettait en pratique sur sa terre du Taillan avec une ardeur patiente et une intelligente ténacité.

La terre du Taillan, située à huit kilomètres de Bordeaux, se compose de 284 hectares, divisés en bois, vignes, terres et jardins maraîchers, à sous-sol calcaire, marneux, argileux ou sablonneux. Il n'y a pas longtemps encore, elle contenait de vastes étendues de marécages improductifs, des vignes presque toujours inondées d'eau, des champs privés de sève ; aujourd'hui, grâce à une habile et savante mise en œuvre des procédés du drainage, toutes ces parties infertiles sont complétement transformées. Les terres grasses ou boueuses sont devenues poreuses et friables ; les marécages ont disparu, et une riche végétation les couvre. Là où les visiteurs s'enfonçaient jusqu'aux genoux, dit un rapport officiel, on peut marcher à pied, même après une matinée de pluie. — Mais hâtons-nous de clore ce rapide exposé par des chiffres : ceux que fournit M. de Bryas sont de nature à frapper l'imagination.

Pour drainer la terre du Taillan, l'intelligent agriculteur a dépensé approximativement cent et quelques francs par hectare. Or, les résultats obtenus ont été tels, que les mêmes fermiers qui payaient avant le drainage une redevance de 60 francs par hectare, après le drainage ont consenti à élever cette redevance à 150 et 170 francs. Le propriétaire du Taillan a donc fait une bonne spéculation en même temps qu'il accomplissait une œuvre toute désintéressée. — Ce dernier mot n'est que juste appliqué à M. de Bryas ; car chacun a pu reconnaître que les efforts de l'agriculteur girondin tendaient beaucoup plus vers la propagation d'un système qui peut doubler les facultés productives du sol français, que vers les bénéfices que devaient lui procurer et que lui ont en effet procuré ses intelligents travaux.

Aussitôt après le succès de ses premières tentatives, M. de Bryas appela sur sa terre les savants et les agriculteurs, les théoriciens et les hommes pratiques. On se rendit en foule au Taillan, pour observer, pour étudier, et l'accueil que tous y recevaient fut également affable. Les rapports de sept ou huit Sociétés différentes attestent avec des éloges l'ardent prosélytisme de M. de Bryas, en même temps que la réussite de ses travaux. Grâce à lui, le drainage a fait de rapides progrès dans le département de la Gironde, qu'il est appelé à renouveler et à vivifier sur plusieurs points.

Ce qu'on vient de lire est la substance des faits contenus dans les brochures que le propriétaire du Taillan a répandues pendant six mois avec une si généreuse prodigalité. Il ne nous appartenait pas d'entrer dans de grands détails sur les moyens d'exécution, la marche suivie et les instruments employés dans les opérations de drainage par M. de Bryas; nous devions laisser ces détails aux hommes du métier. Nous terminerons donc ici cette notice en enregistrant la double récompense accordée à M. de Bryas : un brevet d'officier de la Légion-d'Honneur et une médaille de première classe. Jamais distinctions ne furent mieux méritées. Non-seulement notre compatriote a popularisé l'art de drainer dans les départements du sud-ouest, mais encore si, après l'Exposition universelle, on a pu dire que, pour le drainage, la France, placée à la suite de l'Angleterre, venait avant l'Allemagne et la Belgique, M. de Bryas a contribué à ce succès pour une très-large part.

II.

En matière d'agriculture surtout, il faut savoir un gré infini aux hommes qui se dévouent pour répandre les inventions nouvelles consacrées par l'expérience. En France, et particulièrement dans le Midi, la routine obstinée est l'état normal de ceux qui pratiquent cet art, trop longtemps dédaigné. Propriétaires et paysans sont animés d'une égale défiance vis-à-vis des innovations, et se montrent à l'envi réfractaires aux systèmes nouveaux. Des dépenses au-dessus de leurs moyens, des mécomptes nombreux survenus à la suite d'entreprises trop hâtives, excusent surabondamment les agriculteurs. C'est donc un véritable courage, une sincère ardeur du bien qu'il faut à ceux qui se donnent la mission de vaincre des résistances légitimes, quoique souvent absurdes, et presque toujours la bourse du novateur porte la peine de ces généreuses tentatives. Les réflexions qui précèdent s'appliquent complétement à M. Hallié.

Depuis longtemps cet agriculteur a créé à Bordeaux une exposition qu'il ouvre pendant l'été, et où il expose sous les yeux du public des collections d'instruments agricoles perfectionnés, charrues de diverses formes, herses, extirpateurs, hâche-paille, coupe-racines, machines à concasser, etc., etc. Là, tout agriculteur peut étudier les engins aratoires des principaux systèmes, les comparer entre eux, et régler son choix d'après des notions précises et des renseignements recueillis *de visu*. M. Hallié se montre d'ailleurs infatigable dans ses recherches, et aussitôt que paraît un instrument nouveau et de quelque valeur, il se hâte de lui faire une place dans son utile collection. Ajoutons que maintes fois l'intelligent industriel a su appliquer d'excellentes améliorations à des outils déjà connus.

On imagine sans peine toute l'influence qu'un établissement de ce genre a pu exercer sur les progrès de l'agriculture dans notre département; aussi, les témoignages d'estime n'ont pas manqué à M. Hallié pour le récompenser de son zèle tout patriotique. Nous en avons eu devant nous les preuves les plus flatteuses pour lui. Nous n'osons entreprendre, dans la crainte d'être trop long, l'énumération des personnes considérables dans la science et l'administration qui ont honoré de leur visite la salle des allées d'Orléans, et qui, toutes, ont laissé à l'habile directeur des marques de leur satisfaction. Assurément, un jour viendra où l'exposition de M. Hallié sera adoptée par l'autorité municipale et transformée en institution d'utilité publique. Il nous semble même que cela aurait dû être fait depuis longtemps.

La fondation de l'exposition agricole est le titre sérieux de M. Hallié; c'est pourquoi nous avons insisté sur ces détails. S'ils eussent été aussi connus à Paris qu'à Bordeaux, le mérite de notre intelligent compatriote eût été autrement récompensé que par une mention honorable. Cette médaille de deuxième classe qui lui avait été décernée dans un premier travail du jury, ne lui eût pas échappé par suite d'un revirement que nous ne nous chargeons pas d'expliquer, mais que nous regrettons.

M. Hallié avait envoyé au Palais de l'Industrie plusieurs des instruments qui font partie de sa collection bordelaise. Nous n'en mentionnerons que deux : sa charrue, de système américain, et son égrenoir de maïs.

L'égrenoir est une boîte assez petite et facilement transportable. Un enfant peut le manier. On jette dans une gueule en pente l'épi chargé de grains, on tourne une manivelle, et une seconde après, l'épi sort par une issue inférieure complétement dénudé. Cet instrument, d'une construction peu compliquée, a le grand mérite de coûter très-peu d'argent : la plus pauvre commune rurale pourrait en faire l'acquisition; acquisition précieuse, lorsqu'on se rappelle le temps et les peines infinies que prennent les paysans de nos campagnes pour égrener le maïs à l'aide d'une queue de poêle.

La charrue, de système américain, est remarquable par un régulateur d'une grande simplicité et d'une extrême exactitude; elle renferme peu d'assemblages, et comme la plupart de ses pièces sont faites en fonte , elle se vend à un prix très-bas. On sait que les charrues de forgeron, formées de morceaux coûteusement forgés, sont, à cause de cela, d'un prix élevé et très-difficiles à réparer.

Ainsi que nous l'avons dit, M. Hallié, à qui cinq ou six Sociétés agricoles ou savantes ont décerné sept médailles d'or ou d'argent, M. Hallié n'a obtenu à l'Exposition universelle qu'une mention honorable.

M. Maréchal, propriétaire à Langoiran, avait exposé à l'annexe de l'agriculture le modèle d'un rouleau-traîneau pour dépiquer les céréales, dont nous allons donner la description. Le dépiqueur de M. Maréchal est un traîneau de 1 mètre 50 centimètres de long sur 1 mètre de large; il est composé d'une plaque en forme de rape, aux deux extrémités de laquelle sont adaptés des rouleaux qui en aident la locomotion; il est en bois et fer, et nous a semblé d'une construction solide; son poids est de 190 kilogrammes, ce qui permet de le faire traîner par un seul cheval ou par une paire de bœufs La plaque ou râpe est mobile, de manière à suivre sans difficulté les sinuosités du terrain; elle parcourt le circuit formé par les gerbes étendues, sans jamais entraîner ou briser la paille. Ceux qui savent combien le battage des céréales est pénible pour le travailleur qui l'exécute à l'aide du fléau, combien cette opération est onéreuse pour le propriétaire, par suite du prix de plus en plus élevé de la main-d'œuvre, comprendront l'importance du but que M. Maréchal a voulu atteindre par l'invention de son dépiqueur.

Le seul essai public qui ait été fait de cette machine eut lieu devant une Commission nommée par le Comice agricole de Créon, et réussit assez bien pour mériter à l'inventeur une médaille de bronze. Il fut démontré que le dépiqueur accomplissait la besogne des batteurs en grange avec une grande célérité, sans l'aide d'aucun auxiliaire, et réalisait ainsi de grandes économies. Il existe des machines à vapeur ou à manége pour battre les blés, savamment et puissamment construites, mais elles coûtent trop cher et exigent le concours d'un trop grand nombre d'ouvriers pour être applicables ailleurs que dans les grandes exploitations agricoles. Le dépiqueur de M. Maréchal est du prix de 200 fr., et peut être manœuvré sans apprentissage et avec peu d'efforts. Grâce à ces avantages, le dépiqueur se répand beaucoup dans nos contrées, et de nombreuses commandes arrivent chaque jour à l'atelier du port de Langoiran, qui en exploite exclusivement la fabrication. Si, comme nous le croyons possible, M. Maréchal cherchait à introduire quelques simplifications dans la machine qu'il a inventée, il pourrait en réduire le prix, et les commandes se multiplieraient en raison des facilités offertes aux petits propriétaires.

Après la description qu'on vient de lire, nous sommes dispensés d'expliquer en détail un instrument de même espèce que le précédent, exposé par M. Troubat. Dans le rouleau-traîneau de M. Troubat, les lames de tôle agissant par frottement présentent un véritable avantage, et cet outil mériterait d'être plus répandu, surtout si l'on considère la modicité de son prix. Mais M. Troubat n'a pas d'atelier d'exploitation. Nous nous rappelons avec plaisir que cet industriel obtint une médaille de bronze à l'Exposition bordelaise de 1854.

Il y a quarante ans, M. Folrant fondait à Cadillac une usine pour la fabrication des outils propres aux cultures de toute espèce, aux ouvrages de tonnellerie et à l'art du charpentier. Depuis deux ans cette usine a passé sous la direction de MM. Lousteau fils et Dussacq, et les objets qu'elle fabrique jouissent d'une bonne réputation et trouvent leur principal écoulement dans les colonies. La collection d'outils exposée au Palais de l'Industrie est la même que celle que tout le monde a pu voir l'an dernier à la salle des Quinconces ; seulement on y a joint une canne à semer la graine de pin et autres semences. Cette invention de MM. Lousteau et Dussacq est des plus ingénieuses. Il faut attendre, pour la juger définitivement, ce que la pratique en aura décidé.

Nous allons terminer cette liste en mentionnant la charrue à chausser et à déchausser les vignes, perfectionnée par M. Boireau. Cet instrument est fort en usage dans le département. Remarquons d'ailleurs que, quoique récemment fondé, l'établissement de M. Boireau a pris une extension remarquable. Ce succès s'explique en deux mots : *bon marché*. En 1854, cet industriel exposait une charrue cotée 40 fr.

III.

SUBSTANCES ALIMENTAIRES.

MM. Foussat frères, Cabannes et Roland, Trénis fils et Ce.
MM. Malineau, Teyssonneau, Rodel et fils frères, Tertre, J. Fau, Dufour et Ce.
MM. Colomès et Andure, Louit frères.
MM. Droz et Jourde, Delmas et Ce, Marie Brizard et Roger.

I.

La classe, qui porte pour titre général : *Préparation et conservation des substances alimentaires*, est celle où se rencontrent en plus grand nombre les exposants bordelais. Il faut dire que, sous cette formule générale, étaient rangés des produits que l'on n'est guère habitué à voir accouplés ensemble. Ainsi, les grains, les fécules, les farines, les pâtes, les biscuits, se trouvaient placés à côté des sucres ; les poissons fumés ou saurés à côté du thé et des chocolats. Mais quoique fort dissemblables dans la substance, tous ces produits se ressemblent par un but commun, qui est la nourriture de l'homme. On les subdivise en sept sections. La première contient les farines, fécules et produits dérivés. MM. Foussat frères y occupaient une place importante par leurs riz blanchis et décortiqués. En 1836, une loi de douane réduisit les droits sur les riz en grains et admit au demi-droit les riz en paille. Jusque-là, cet excellent produit ne tenait qu'une bien étroite place dans la consommation en France : on ne connaissait guère que les riz de la Caroline, très-beaux, mais très-chers. Quant aux riz de l'Inde, personne n'en voulait, à cause de leur apparente grossièreté. MM. Foussat frères résolurent de profiter de la loi nouvelle, et pour cela ils fondèrent une usine à vapeur pour décortiquer et nettoyer les riz. Ceci se passait en 1842. Aujourd'hui, les riz de l'Inde, grâce à l'habile apprêt qu'on leur fait subir, sont d'un aussi bel aspect que les riz de la Caroline, et on les accepte partout. MM. Foussat préparent aussi pour la consommation les produits de ces rizières de La Teste dont nous avons entretenu nos lecteurs.

La vitrine de MM. Foussat, au hangar de l'agriculture, contenait dans ses cases inférieures les riz d'espèces diverses, tels qu'ils sont à l'état brut; dans les cases supérieures étaient placés des échantillons de ces mêmes riz, tels qu'ils sortent décortiqués, nettoyés et blanchis des ateliers de l'usine bordelaise. Jamais on ne vit plus frappant contraste.

MM. Foussat dirigent deux usines, placées à proximité l'une de l'autre, qui emploient une force de 55 chevaux. Ils distribuent leurs produits dans toute la France, et luttent avantageusement, sur les points les plus éloignés, avec les similaires importés de l'étranger.

Une mention honorable a été décernée à ces industriels par le jury de l'Exposition.

Le commerce des farines, comme dans tous les ports maritimes, est d'une grande importance à Bordeaux. Aussi le nombre des moulins mis en mouvement par des moteurs divers est très-considérable dans la Gironde. Notre ville seule compte quatre moulins à vapeur, parmi lesquels celui de MM. Cabannes et Roland, situé en Paludate, tient la première place.

L'art de moudre est encore à la période d'enfance dans le Midi. Les meules d'environ

2 mètres de diamètre y sont presque partout usitées, et c'est à peine si l'on y connaît les meules à l'anglaise. La raison de cet état arriéré de la meunerie se trouve surtout dans l'obligation de reconstruire de fond en comble les vieux moulins, pour les aménager d'après les nouveaux systèmes. La perte de temps et les frais considérables qu'une pareille opération nécessite effraient les propriétaires de moulins. MM. Cabannes et Roland ont mené à bonne fin une expérience qui permet d'espérer que l'état de choses actuel pourra se modifier rapidement. En effet, l'usine de Paludate, qui est aujourd'hui organisée sur le modèle des plus parfaits établissements du Nord, était un vieux moulin à eau que nos compatriotes ont su améliorer et transformer, en évitant les dépenses et les frais de reconstruction.

Nous ne pouvons entrer ici dans les détails d'installation de la fabrique de Paludate; nous nous bornerons à dire que l'appareil principal est un jeu de meules fort simple, peu coûteux et n'occupant qu'un très-petit espace qu'on peut représenter par un cube ayant $1^{m}17$ centimètres de côté. Cet appareil est mû par courroies, à l'aide d'une machine à vapeur de 22 chevaux.

MM. Cabannes et Roland sont tellement convaincus que leur système est applicable partout, qu'ils en croient l'usage possible à bord des navires à vapeur de toutes dimensions. On voit d'ici quels avantages la marine au long-cours pourrait tirer d'une pareille innovation. Ceux qui en résulteraient pour les expéditions de guerre sont plus frappants encore. Qu'on suppose un grand navire à vapeur de l'État, où l'on disposerait trois emplacements de 8 mètres de long sur 5 mètres de large : le premier destiné au criblage, le second à la mouture, et le troisième au blutage. Dix jeux de meules, système Cabannes, pourraient être organisés dans le second emplacement, et produiraient chacun 3 hectolitres par heure. On obtiendrait ainsi, en vingt heures de travail, 36,000 kilog. de farine, fournissant 64,000 rations de pain. D'après ces détails, il sera démontré pour tout le monde que la méthode de MM. Cabannes et Roland est destinée à renouveler complétement la meunerie méridionale.

Les produits exposés par les directeurs de l'usine de Paludate consistaient en farines blutées, fleurs de gruaux ronds, gruaux de blés blancs, et semoules pour pâtes d'Italie faites de blés durs. Après avoir rendu justice à ces produits, en général aussi beaux que ceux des usines du Nord, nous devons particulièrement insister sur les semoules obtenues au moyen d'un instrument de l'invention de M. Cabannes.

Jusqu'à présent, les semoules ont été fabriquées à bras d'homme, à l'aide d'un tamis dont la mise en mouvement exige une habileté particulière. D'après ce procédé, un bon ouvrier sasseur ne peut faire dans sa journée que 100 kilog. de semoule, et ce travail lui est payé 5 fr. M. Cabannes a imaginé un sasseur mécanique, qui fabrique par heure 100 et 150 kilog. de marchandise, avec une régularité et une perfection d'autant plus complètes, qu'il est mû par une machine à vapeur Pour mettre en mouvement un sasseur, il suffit d'une force d'un cheval de vapeur. Cinq sasseurs, qui peuvent être surveillés par un seul homme, travaillant pendant douze heures, produiraient 5,000 à 9,000 kilog. de gruau. Que l'on compare ces résultats avec le produit de la journée d'un ouvrier semouleur! M. Cabannes a pris en 1854 un brevet qui lui assure la propriété du sasseur mécanique. La construction de cet instrument est des plus simples, et après l'avoir vu fonctionner quelques minutes, nous en avons parfaitement compris le mécanisme. Il ajoute à la régularité des produits, il augmente dans des proportions considérables la rapidité de la fabrication. On peut donc affirmer qu'avant peu de temps l'invention de M. Cabannes, susceptible d'ailleurs d'améliorations, aura partout remplacé le travail lent et irrégulier des semouleurs à bras.

Les directeurs de l'usine de Paludate, déjà récompensés à Londres et à Bordeaux par plusieurs médailles, ont obtenu à l'Exposition universelle de Paris une médaille de seconde classe.

La fabrication du biscuit est naturellement une branche d'industrie très-estimée dans un port de mer. MM. Trénis et Ce avaient envoyé au Palais de l'Exposition des spécimens de ce genre de produits. Ces Messieurs ont opéré à Bordeaux une véritable révolution dans leur industrie, en introduisant l'usage des pétrins et des rouleaux mécaniques mûs par la vapeur. Lorsque, en 1850, ils installèrent leur usine, le biscuit valait sur la place 18 fr. les 50 kilog. A qualité égale, ils purent le fournir à 15 fr., soit 3 fr. de diminution. On comprend quel immense avantage il dut en ressortir pour les armements; aussi, la clientèle de la maison Trénis est très-nombreuse dans la marine marchande.

La production de cette usine est de 1,000 kilog. de biscuit par jour avec un travail de onze heures. En travaillant de nuit, cette production peut être doublée, et l'État pourrait ainsi se procurer, en trois jours, une quantité de biscuit suffisante pour dix mille hommes. MM. Trénis ont déjà fait d'importantes fournitures aux armées de terre et de mer, et à l'heure où nous écrivons, ils achèvent de livrer une commande considérable à la marine impériale. N'oublions pas d'ajouter que l'écart de prix signalé plus haut a été toujours maintenu par ces industriels. Aujourd'hui encore, malgré le coût très-élevé des farines, ils livrent du biscuit de première qualité à 32 fr. les 50 kilog. MM. Trénis et Ce ont obtenu une mention honorable.

II.

Si vous entrez dans une pharmacie de la place Saint-André, aujourd'hui dirigée par M. Balagué, vous apercevrez un buste en porcelaine qui porte sur son socle le nom de Vilaris. Ce nom est celui du plus ancien propriétaire de l'établissement, un de ces inventeurs qui passent sans soulever aucun bruit, malgré les services rendus par eux, et qui ne sont récompensés de leurs travaux que par les soins pieux rendus obscurément à leur mémoire par quelques compatriotes.

Marc-Hilaire Vilaris, né à Bordeaux en 1720, mort en 1792, fut à la fois pharmacien, chimiste, ce qui était rare à cette époque parmi les apothicaires, pour employer le langage du temps, enfin membre de l'Académie de Bordeaux. En 1765, Vilaris découvrait le kaolin, ou terre à porcelaine. Nous parlerons de cette importante invention au chapitre de la céramique. En 1768, il imaginait un procédé pour la conservation des viandes pendant les voyages de long-cours. Le Dr Tournon, qui a laissé de curieuses notes sur plusieurs hommes utiles de notre ville, dit que Vilaris expérimentait cette dernière invention dans une maisonnette qu'il possédait près du Carbon-Blanc. Il ajoute que les fourneaux dont l'ingénieux pharmacien faisait usage, ont subsisté longtemps après sa mort. Nous ne sachons pas que Vilaris ait jamais recueilli aucun bénéfice de sa double découverte.

Il était naturel assurément que l'art de conserver les substances alimentaires naquît dans un port qui fut naguère la plus importante place commerciale de France. Aujourd'hui, cet art a été porté à la perfection, et la fabrique bordelaise écoule autant sur les marchés intérieurs que par la marine et l'exportation, ses conserves de viandes, de poissons, de légumes et de fruits. Le nombre des industriels qui ont exposé des produits de cette catégorie montre assez l'importance de ce commerce dans notre département. Rien de plus varié, de plus appétissant que l'aspect des vitrines où s'étalaient les envois de nos principaux fabricants de conserves. Nous devons surtout donner des éloges à M. Malineau et Ce, pour le soin qu'il avait pris d'agencer ses boîtes, ses pots et ses flacons dans des dispositions propres à flatter l'œil du visiteur. C'est là un détail peu important, en apparence, mais qu'on a toujours tort de négliger.

M. Malineau s'occupe principalement de la conservation des fruits au jus et à l'eau-de-vie, dans d'importants ateliers fondés en 1852. Malgré la récente date de l'entreprise, cet industriel a pris un rang considérable dans la fabrique bordelaise. En 1852, le chiffre de ses affaires atteignit à peine, d'après le rapport de la Société Philomathique, la somme de 50 mille francs; le même rapport affirmait qu'en 1853, le chiffre de 200,000 francs serait dépassé. Nous savons aujourd'hui que ces prévisions ont été réalisées. — M. Malineau est inventeur d'un procédé de bouchage en verre dont l'excellence fait la supériorité de ses produits, et dont l'exploitation est pour lui une source de bénéfices. Une année et plus après la préparation, ses fruits conservent encore leurs couleurs naturelles, vives et fraîches, leur goût de primeur, leur forme originelle. Il faut admirer dans ses flacons à gros cou ces belles pêches, qui semblent n'avoir pas perdu, sous le liquide transparent où elles sont plongées, leur velouté et leur éclat. Cette maison a été récompensée par une médaille de deuxième classe. Nous retrouverons ses produits à l'annexe à bon marché.

M. Teyssonneau, comme M. Malineau, a répudié l'emploi du liége pour le bouchage des conserves, et est l'inventeur d'un procédé nouveau; seulement, au lieu d'employer le verre, il se sert de l'étain, du plâtre et du fer-blanc. Nous ne nous permettrons pas de donner un avis sur ces deux systèmes, dont le premier, celui de M. Teyssonneau, est de beaucoup antérieur au second. La substitution des capsules métalliques au liége et à la cire a obtenu une grande vogue à l'étranger, et particulièrement en Russie. Du reste, s'il fallait opter entre les deux procédés après le simple examen des vitrines des deux concurrents, le choix serait impossible, car dans l'une et dans l'autre les produits exposés ont le même éclat, la même fraîcheur. M. Teyssonneau, outre les fruits, s'occupe de la conservation des légumes. Nous avons entendu évaluer à 250,000 francs le chiffre des produits exportés par cette maison, qui n'occupe pas moins de cent ouvriers. M. Teyssonneau a obtenu une mention honorable à l'Exposition universelle.

Appliqués aux fruits, les systèmes de conservation ne sont guère propres qu'à alimenter les industries de luxe; mais si on les utilise pour conserver pendant un laps de temps plus ou moins long les légumes et les viandes, ils prennent rang alors parmi les industries qui concourent à augmenter le bien-être des masses et à donner à l'homme des gages contre les caprices de la nature. La production des légumes, par exemple, qui peut être infinie sur un sol comme celui de la France, offre à elle seule d'inépuisables ressources. N'oublions pas d'ailleurs que les méthodes perfectionnées de conservation intéressent au plus haut point notre marine commerciale et militaire. Parmi les nombreux procédés mis en pratique depuis une trentaine d'années, celui d'Appert est le plus connu et le plus estimé. Appert n'a pas seulement organisé une vaste maison qui est encore toute florissante à Paris : il a fait école, et ses élèves sont devenus des maîtres aujourd'hui. L'un d'entre eux, M. Rodel, fut envoyé en 1824 à Bordeaux, par le gouvernement, pour établir dans les magasins de la marine de l'État un atelier de conserves alimentaires. M. Rodel fut frappé sans doute des ressources que présentaient le climat, la situation et la variété des produits de la Gironde. Après avoir rempli sa mission officielle, il fonda, en 1830, une maison qui subsiste encore, plus riche et plus prospère chaque année. Elle est aujourd'hui sous la direction de la veuve du fondateur, Mme Rodel, qui, depuis l'origine, s'était montrée l'intelligent et infatigable collaborateur de son mari.

Les produits livrés au commerce par la maison Rodel montent, en moyenne, à

700,000 fr. par an. Elle possède en Bretagne, à Étel, près Lorient, un établissement pour la préparation des sardines à l'huile et des poissons frais, qui occupe cent cinquante ouvriers pendant toute la saison de la pêche. La Société Philomathique a décerné successivement à MM. Rodel des médailles d'argent en 1844, 1847, 1850; puis une médaille d'or à l'Exposition nationale de 1854. Une médaille de prix leur avait été accordée en 1851 à l'Exposition universelle de Londres. L'Exposition universelle de Paris leur a valu une médaille de deuxième classe et une mention honorable.

Nous avons encore à nommer dans cet ordre de produits, M. Tertre, de Libourne, qui a exposé des pâtés de foie gras dont la réputation est établie depuis longtemps dans notre département. Une partie de l'envoi de M. Tertre a eu à souffrir des grandes chaleurs, ce qui lui a nui auprès du jury.

Le bassin de la Garonne, principalement les vergers du Lot et de la Dordogne, fournissent en grande abondance ces prunes succulentes qui, à l'état sec, font invariablement partie de nos desserts. Du seul département du Lot on exporte annuellement 40,000 quintaux de pruneaux d'ente, dont la plus grande quantité vient s'emmagasiner à Bordeaux, pour y être préparés, puis exportés par toute l'Europe et dans les colonies. Plusieurs maisons à Bordeaux s'occupent de la conservation de ces fruits, et la fabrique de M. Fau a contribué largement à perfectionner cette industrie, dont l'importance est beaucoup plus grande qu'on ne pourrait croire. La perfection des conserves qui sortent de chez M. Fau est due à des procédés qui sont de son invention et qu'il sait varier d'après les pays dans lesquels il se propose d'expédier ses produits. En même temps que ses ateliers pour la conservation des prunes d'ente, M. Fau dirige aussi une fabrique de capsules, genre de travail qu'il a introduit dans notre ville. Pour donner une idée de cette dernière industrie, il suffira de dire que cet industriel emploie à la seule fabrication des capsules deux machines à vapeur et vingt ouvriers. — Le jury de l'Exposition universelle a décerné à M. Fau une médaille de deuxième classe.

MM. Dufour et Ce s'occupent aussi de la conservation des prunes d'ente, et avaient envoyé des spécimens de leurs produits au Palais de l'Industrie. Nous regrettons de n'avoir pu obtenir sur cette maison des renseignements un peu détaillés. Mais n'aurons-nous pas donné des conserves sorties de cette fabrique une opinion plus complète que toutes les appréciations, quand nous aurons dit que MM. Dufour et Ce ont obtenu une médaille de 1re classe?

III.

Nous l'avons dit en commençant, sous cette désignation générale de *substances alimentaires*, on comprend aussi les préparations faites avec le sucre, le chocolat, le café, etc. Le chocolat est, à Bordeaux, l'objet d'une consommation si considérable, qu'il était impossible que la fabrique bordelaise ne fût pas représentée à l'Exposition. On évalue approximativement à 500,000 kilog. les cacaos qu'elle emploie annuellement. Il y a dans notre ville plusieurs fabriques à la main et quatre fabriques à vapeur. Cet accroissement dans la consommation du chocolat s'est fait remarquer depuis l'époque où un grand nombre de familles espagnoles se sont établies parmi nous. La maison Colomès et Andure avait envoyé au Palais de l'Industrie des spécimens de chocolat et de moutarde, pour lesquels elle a obtenu une médaille de deuxième classe.

La fabrication du chocolat et celle de la moutarde semblent d'ailleurs être invariablement liées : l'envoi de MM. Louit frères va nous en fournir une nouvelle preuve.

L'exhibition de MM. Louit occupe, dans l'annexe du Palais de l'Industrie, trois vitrines séparées. La première de ces vitrines était réservée aux chocolats. Nous y avons remarqué une particularité digne d'être citée : le prix de la vente au détail marqué sur chaque tablette. Ainsi, l'on pouvait comparer avec les produits similaires et apprécier les différences de coût à qualités égales. La fabrication de MM. Louit atteint quotidiennement le chiffre de 1,000 à 1,200 kilog. de chocolat ; et on leur rend généralement cette justice, qu'ils s'efforcent chaque jour d'augmenter la perfection de leurs produits en en diminuant le prix. Cette recherche du bon marché leur a inspiré l'idée de réclamer de la sollicitude du Gouvernement un *drawback* pour l'exportation de leurs chocolats.

L'usage des *draw-back* est si récent en France, qu'il n'existe pas encore de terme pour désigner l'idée que ce mot représente en anglais. La traduction littérale est celle-ci : *restitution de droits*. Lorsqu'une marchandise, entrée avec frais, peut être réexportée avec avantage, la douane restitue à la sortie le droit qu'elle n'avait perçu à l'entrée qu'en supposant que le produit serait consommé à l'intérieur. Ainsi, le cacao payant des droits assez forts à son importation en France, il est évident que l'exportation des chocolats français est impossible aussi longtemps que le privilége de la restitution ne leur aura pas été accordé. La difficulté consiste seulement dans la découverte d'un procédé sûr pour estimer les quantités de cacao contenues dans une quantité de chocolat donnée. Lorsqu'on a cherché à constater le rendement du sucre au raffinage, c'est-à-dire le nombre de kilogrammes de sucre raffiné pouvant être considérés comme constituant tout le produit possible de 100 kilog. de sucre brut ayant payé les droits, il s'agissait d'une difficulté analogue à celle qui nous occupe. La Chambre de commerce de Bordeaux est saisie de la demande de MM. Louit. Malgré les entraves apportées à leurs travaux par notre régime économique, ces industriels livrent à la consommation 300,000 kilogr. de chocolat par an.

MM. Louit fabriquent aussi des pâtes alimentaires qui occupaient leur seconde vitrine. Il y avait là des tapiocas, des riz, de l'orge, des avoines pulvérisées, le tout très-élégamment disposé dans des boîtes d'une jolie forme. La fabrication annuelle de la maison Louit en pâtes alimentaires s'élève à 50,000 kilogrammes.

Leur troisième vitrine renfermait des échantillons de moutarde et des fruits conservés au vinaigre. La moutarde de MM. Louit jouit, à bon droit, d'une excellente réputation, et l'on peut d'ailleurs considérer ces industriels comme ayant puissamment contribué à créer dans la Gironde ce genre de fabrication pour laquelle nous avions jusqu'à présent payé tribut à Dijon et à Paris. La maison Louit exporte par an 500,000 flacons de moutarde. Les fruits conservés au vinaigre sont fabriqués par MM. Louit à peu près dans la même proportion. Ce qui caractérise leurs produits en général, c'est l'élégance des enveloppes, la grâce et le bon goût des formes sous lesquelles ils les présentent au chaland. En province on fait fi volontiers de ces mérites purement extérieurs : on ne sait pas assez combien ils influent avec force sur les déterminations des consommateurs. Le jury de l'Exposition a accordé à MM. Louit une médaille de 2e classe.

La confiserie et la distillerie sont deux industries toute bordelaises. Les produits de nos fabricants en ce genre sont renommés dans le monde entier, et les liqueurs de Bordeaux peuvent presque lutter de popularité avec les vins du Médoc : c'est exprimer en peu de mots l'universalité de leur réputation. Les confiseurs et les distillateurs girondins étaient représentés au Palais de l'Exposition par MM. Droz et Jourde, et MM. Delmas et Ce.

MM. Droz et Jourde, directeurs d'une maison fort ancienne et fort respectable, avaient envoyé des bonbons, des dragées, des liqueurs, tous ces produits ayant la meilleure mine du monde, et ne mentant pas d'ailleurs aux promesses de leur appétissant aspect. L'exportation de la maison Droz et Jourde s'élève à un chiffre très-considérable.

La maison de MM. Delmas et Ce existe depuis vingt-cinq ans, et sa marque a toujours été fort estimée à l'intérieur de la France;

mais c'est seulement depuis 1848 qu'elle a entrepris de travailler pour l'exportation. Nous avons eu sous les yeux des chiffres qui montrent avec quelle rapidité les efforts assidus, l'habileté consciencieuse sont quelquefois récompensés. La première année, MM. Delmas expédiaient aux Colonies trois cents caisses de fruits à l'eau-de-vie. En 1854, c'est-à-dire six ans plus tard, ils en ont expédié six cents. Aujourd'hui, leurs bonbons et leurs liqueurs sont demandés à La Guadeloupe, à La Martinique, au Mexique, à Buenos-Ayres, à Montevideo. Il faut dire que l'on a rarement uni, d'une manière plus complète que ces industriels, la supériorité de la fabrication au bon marché des produits. MM. Delmas envoient outre-mer des paniers d'anisette d'une contenance de deux litres, parfaitement installés et richement étiquetés, au prix de 2 fr. Cette maison occupe, dans la saison du travail, de cinquante à soixante ouvriers.

La vitrine de MM. Delmas au Palais de l'Industrie, très-élégamment disposée, contenait, entre autres produits remarqués, des carafes de fruits à l'eau-de-vie d'une forme gracieuse et d'une taille inusitée qui attiraient l'œil. Leur grande carafe, composée de quatre compartiments s'emboîtant l'un dans l'autre et remplis de quatre liqueurs différentes, a eu beaucoup de succès. Elle rappelait la fantastique bouteille qui a valu tant d'applaudissements au prestidigitateur Robert Houdin.

MM. Delmas et Ce ont obtenu une médaille de deuxième classe.

Pendant notre séjour à Paris, nous avons pu recueillir d'un témoin oculaire l'assurance que les liqueurs bordelaises avaient obtenu une approbation enthousiaste à un dîner de dégustation auquel assistaient les membres du Jury. Les produits de la maison Marie Brizard et Roger, nous dit-on, contribuèrent puissamment à ce succès. MM. Brizard et Roger se livrent à la fabrication exclusive des liqueurs; leur envoi se composait d'anisette, d'eau-de-vie de Dantzick, de curaçao, d'eau de noyau, et de plusieurs autres nectars de table dont nous avons oublié les noms anacréontiques. Le Jury a su prouver qu'il avait la reconnaissance de l'estomac, en accordant à cette maison une médaille de première classe.

IV.

VINS DE LA CHAMBRE DE COMMERCE.

Dès le mois de janvier dernier, on savait que les principaux pays vinicoles de la France et de l'étranger, la Bourgogne, la Champagne, les coteaux du Rhin et de l'Espagne, devaient être représentés à l'Exposition universelle. La Chambre de commerce, jalouse de la réputation des vins de la Gironde, fit un appel aux principaux producteurs vinicoles du département. Les propriétaires de crûs classés, les possesseurs des principaux domaines dans les vins blancs, et les maires de toutes les communes girondines où la vigne est cultivée, furent conviés à envoyer leurs produits au secrétariat de la Chambre. Pour la première fois, les grands crûs du Bordelais, rouges et blancs, allaient être appelés à figurer à une Exposition universelle. Le temps est bien loin où Mme de Sévigné accouplait, dans une comparaison peu flatteuse, le vin de Graves et la lourde importance de M. de Lavardin. Le renom des vignobles de la Gironde est solidement établi, et pour le consacrer il n'était pas besoin de cette nouvelle épreuve. Cependant, nous aimons à croire qu'elle aura porté ses fruits.

Mais avant d'aller plus loin, nous devons entrer dans quelques détails techniques qui ne sont guère connus que des gens du métier et qu'on ne sera pas fâché, nous l'espérons, de trouver ici.

Tout le monde sait que les vins de la Gironde se divisent en trois catégories générales : les graves, produits d'un sol caillouteux et les plus délicats de tous; — les côtes, qui viennent sur le sol calcaire des collines qui bordent la rive droite de la Garonne; — enfin, les palus, qui se récoltent dans une terre fertile et plantureuse. Mais il existe une classification plus détaillée et plus savante qui, par l'influence de la tradition et de l'usage, a force de loi dans le commerce. Nous allons l'exposer ici.

Cette classification subdivise en cinq degrés les vins rouges supérieurs des divers terrains de la Gironde ; — en deux degrés seulement les vins blancs supérieurs. C'est là ce que l'on entend par *crûs classés*. Au-dessous est la foule des vins inférieurs, abandonnés à l'appréciation des consommateurs et à l'anarchie des goûts individuels. Voici la liste des crûs classés, — rouges et blancs, — liste authentique dressée par le syndicat des courtiers de commerce près la Bourse de Bordeaux :

VINS ROUGES.

PREMIERS CRUS.

Château-Lafitte.	Pauillac.	Sr Samuel Scott.
Château-Margaux	Margaux.	Aguado.
Château-Latour.	Pauillac.	De Beaumont. De Courtivron. De Flers.
Haut-Brion.	Pessac.	Eugène Larrieu.

SECONDS CRUS.

Mouton.	Pauillac.	Baron N. de Rothschild.
Rauzan Ségla. Rauzan Gassie.	Margaux.	Comtesse de Castelpers. Viguerie.

SECONDS CRUS (suite).

Léoville.	St.-Julien,	Marquis de Las Cazes. Baron de Poyferré. Barton.
Vivens-Durfort.	Margaux.	De Puységur.
Gruau-Laroze.	St.-Julien.	De Bethman. Baron Sarget. De Boisgérard.
Lascombe.	Margaux.	Mlle Hue.
Branne.	Cantenac.	Baron de Branne.
Pichon-Longuevlle	Pauillac.	Bon de Pichon-Longueville.
Cru Beau-Caillou.	St.-Julien.	Ducru-Ravez.
Cos d'Estournel.	St.-Estèphe.	Martyns.
Montrose.	*Id.*	Dumoulin.

TROISIÈMES CRUS.

Kirwan.	Cantenac.	Deschryver.
Château-d'Issan.	*Id.*	Ve Blanchy.
Lagrange.	St.-Julien.	Comte Duchâtel.
Langoa.	*Id.*	Barton.
Giscours.	Labarde.	J.-P. Pescatore.
St.-Exupéry.	Margaux.	Fourcade.
Boyd.	Cantenac.	Plusieurs propriétaires.
Palmer.	*Id.*	Emile Pereire.
La Lagune.	Ludon.	Ve Jouffroy Piston.
Desmirail.	Margaux.	Sipière.
Dubignon.	Margaux.	Philippe Dubignon. Marcelin Dubignon.
Calon.	St.-Estèphe.	Firmin Lestapis.
Ferrière.	Margaux.	Ve J. Ferrière.
Becker.	*Id.*	Szjarsderski et Rolland.

QUATRIÈMES CRUS.

Saint-Pierre.	St.-Julien.	Bontemps-Dubarry. Ve Roullet. Ve Galloupeau.

QUATRIÈMES CRUS (suite).

Talbot.	St.-Julien.	Marquis d'Aux.
Duluc.	*Id.*	Duluc aîné.
Duhart.	Pauillac.	Castéjà.
Poujet-Lassale.	Cantenac.	Izan.
Poujet.	*Id.*	De Chavaille.
Carnet.	St.-Laurent.	De Luetkens.
Rochet.	St.-Estèphe.	Ve Lafon de Camarsac.
Ch. de Beychevelle	St.-Julien.	P.-F. Guestier junior.
Le Prieuré.	Cantenac.	Ve Pagès.
Mis de Thermes.	Margaux.	Oscar Solberg.

CINQUIÈMES CRUS.

Canet.	Pauillac.	De Pontet.
Batailley.	*Id.*	P.-F. Guestier junior.
Grand-Puy.	*Id.*	F. Lacoste aîné.
Ducasse.	*Id.*	Duroy de Suduiraut.
Lynch.	*Id.*	Jurine.
Lynch Moussas.	*Id.*	Vasquez.
Dauzac.	Labarde.	Wiebrock.
Darmailhac.	Pauillac.	Violett.
Le Tertre.	Arsac.	Henry.
Haut-Bages.	Pauillac.	Libéral.
Pédesclaux.	*Id.*	Pédesclaux.
Coutenceau.	St.-Laurent.	Bruno Devez.
Camensac.	*Id.*	Popp.
Cos Labory.	St.-Estèphe.	Martyns.
Clerc Milon.	Pauillac.	Clerc.
Croizet Bages.		
Cantemerle.	Macau.	Baronne de Villeneuve.

VINS BLANCS.

PREMIER CRU SUPÉRIEUR.

Yquem.	Sauternes.	De Lur Saluces (Bertrand).

PREMIERS CRUS.

La Tour-Blanche.	Bommes.	Ve Focke.
Peyraguey.	*Id.*	Lafaurie aîné.
Vigneau.	*Id.*	Ve de Reyne.
Suduiraut.	Preignac.	Guillot frères.
Coutet.	Barsac.	De Lur Saluces (Bertrand).
Climens.	*Id.*	Lacoste.
Bayle.	Sauternes.	Depons et Comp.
Rieusec.	*Id.*	Mayé.
Rabeaud.	Bommes.	Deyme.

DEUXIÈMES CRUS.

Mirat.	Barsac.	Möller.
Doisy.	*Id.*	Deane.
Pexoto.	Bommes.	Ve Lacoste.
Darche.	Sauternes.	Lafaurie jeune et Comp.
Filhot.	*Id.*	De Lur Saluces (Bertrand).
Broustet Nérac.	Barsac.	Capdeville.
Caillou.	*Id.*	Saraute.
Suau.	*Id.*	Pédesclaux.
Malle.	Preignac.	De Lur Saluces (Henri).
Romer.	*Id.*	De La Myre-Mory.
Lamothe.	Sauternes.	Ve Baptiste.

Dans sa circulaire adressée aux propriétaires, la Chambre de commerce demandait à chacun d'eux d'envoyer une petite caisse contenant six bouteilles choisies dans les bonnes années, et portant le nom du propriétaire et le cachet de la commune. Cet appel, il s'en faut de beaucoup, ne fut pas entendu de tout le monde : sur 88 propriétaires de crûs classés, 35 seulement firent un envoi. Ce furent d'abord pour les vins rouges :

PREMIERS CRUS.

Château-Lafitte.	Pauillac. 1846	Sr Samuel Scott, baronnet.
Château-Lafitte.	Pauillac. 1848	Sr Samuel Scott, baronnet.
Château-Margaux.	Margaux.	Aguado, marquis de las Marismas.
Château-Latour.	Pauillac.	De Beaumont, de Courtivron, de Flers.

SECONDS CRUS.

Mouton.	Pauillac.	Baron N. de Rothschild.
Léoville.	St. Julien. 1847	Marquis de Las Cazes, baron de Poyferré, Barton.
Vivens-Durfort.	Margaux.	De Puységur.
Cos d'Estournel.	St.-Estèphe.	Martyns.
Ducru.	St.-Julien.	Ducru et Ravez.

TROISIÈMES CRUS.

La Grange.	St.-Julien.	Comte Duchâtel.
Langoa.	St.-Julien. 1846	Barton.
Palmer.	Cantenac.	Emile Pereire.
Giscours.	La Barde.	Pescatore, à Paris.
	Margaux.	Sipière.
		Dubignon.
		Ve Ferrière.
Calon.	St.-Estèphe.	Firmin Lestapis, de Paris.

QUATRIÈMES CRUS.

Saint-Pierre.	St.-Julien.	Bontemps - Dubary, Ve Roullet, Ve Galloupeau.

QUATRIÈMES CRUS (suite).

Talbot.	St.-Julien.	Marquis d'Aux.
Carnet.	St.-Laurent.	De Luetkens.
Ch. de Beychevelle	St.-Julien. 1844	P.-F. Guestier junior.

CINQUIÈMES CRUS.

Canet.	Pauillac.	De Pontet.
Batailley.	Pauillac. 1844	P.-F. Guestier junior.
Lynch.	Pauillac.	Jurine.
Grand-Puy.	Pauillac.	F. Lacoste aîné.

Pour les vins blancs :

PREMIERS CRUS.

Suduiraut.	Preignac.	Guillot frères.
Peyraguey.	Bommes.	Lafaurie aîné.

DEUXIÈMES CRUS.

Malle.	Preignac.	Henry de Lur-Saluces.
Romer.	Preignac.	Comte de La Myre-Mory.

Nous avons reproduit ces noms par rang de crûs et par ordre alphabétique. Nous allons suivre la même méthode en énumérant les communes, au nombre de 64, qui envoyèrent des vins non classés.

COMMUNES.	CANTONS.
Arbanats.	Podensac.
Avensan.	Castelneau.

COMMUNES.	CANTONS.
Bassens.	Carbon-Blanc.
Bayon.	Bourg.
Blaignan.	Lesparre.
Branne.	Branne.
Campugnan.	Blaye.
Carbon-Blanc.	Carbon-Blanc.
Cars.	Blaye.
Castelneau.	Castelneau.
Castillon.	Castillon.
Comps.	Bourg.
Dardenac.	Branne.
Espiet.	Branne.
Eyrans.	Bourg.
Fargues.	Créon.
Fieux.	Coutras.
Floirac.	Carbon-Blanc.
Fronsac.	Fronsac.
Haut-Pessac (M. Pommez).	Pessac.
Labarde.	Castelneau.
La Bastide.	Carbon-Blanc.
Lamarque.	Castelneau.
Langoiran.	Cadillac.
Lansac.	Bourg.
Ludon.	Blanquefort.
Lugoud-de-l'Ile.	Fronsac.
Margueron.	Ste-Foy-la-Grande.
Mazion.	Blaye.
Mérignac.	Pessac.
Montferrant.	Carbon-Blanc.
Moulis.	Castelneau.
Pessac.	Pessac.
Pian.	Blanquefort.
Plassac.	Blaye.
Prignac et Cazelle.	Bourg.
Quinsac.	Créon.
Saint-André-du-Bois.	Saint-Macaire.
Saint-Avit-de-Soulége.	Sainte-Foy.
Saint-Caprais.	Créon.
Saint-Ciers-d'Abzac.	Guîtres.

COMMUNES.	CANTONS.
Saint-Ciers-Lalande.	St.-Ciers-Lalande.
Saint-Christophe-de-Doubens.	Coutras.
Sainte-Croix-du-Mont.	Cadillac.
Saint-Denis.	Guîtres.
St.-Estèphe (2 caisses), M. Lafon de Camarsac.	Pauillac.
St.-Estèphe (M. Luetkens Meynez).	Pauillac.
Saint-Médard-d'Eyrans.	Labrède.
Saint-Médard-de-Guizière.	Coutras.
Saint-Michel-de-la-Rivière.	Fronsac.
Saint-Morillon.	Labrède.
Saint-Paul.	Blaye.
Saint-Quentin.	Branne.
Saint-Romain-la-Rivière.	Fronsac.
Saint-Trojan.	Bourg.
Saint-Seurin-de-Coursac.	Lesparre.
Saint-Ysans.	Lesparre.
Salles.	Castillon.
Samonac.	Bourg.
Soussans.	Castelneau.
Talence.	Bordeaux.
Verdelais.	Saint-Macaire.
Villenave-d'Ornon.	Pessac.
Virelade.	Podensac.

La Chambre de commerce avait eu l'inspiration, heureuse à notre avis, d'exposer dans un ensemble combiné, et surveillé par quelques-uns de ses membres, la totalité des produits vinicoles de la Gironde. Dans ce but, on avait préparé le dessin d'un élégant caveau, tapissé de pampres artificiels et muni de tous les ustensiles propres à la dégustation. Mais pour des motifs inutiles à détailler ici, ce projet ne put être réalisé. Les caisses composant les divers envois furent disséminées et placées un peu au hasard ; l'idée d'unité fut seulement indiquée sur le catalogue officiel : c'est là, en effet, que nous avons pris le titre de notre chapitre : *Vins de la Chambre de commerce.*

Nous savons aujourd'hui quelle place le jury d'examen a faite aux produits de nos vignobles girondins. Une médaille d'honneur a été décernée à la Chambre, ce qui peut être considéré comme une reconnaissance implicite de l'excellence du mode d'exposition primitivement proposé par elle ; quatre médailles de première classe ; dix médailles de deuxième classe, et dix mentions honorables ont, en outre, été accordées à divers producteurs. Voici la liste de ces récompenses :

MÉDAILLES DE PREMIÈRE CLASSE.

MM. Aguado (Château-Margaux).
De Courtivron (Château-Lafitte).
De Flers. *Idem.*
B^t Samuel Scott. *Idem.*

MÉDAILLES DE DEUXIÈME CLASSE.

MM. Ducru-Ravez (Beau-Caillou).
De Boisgérard (Gruau-Larose).
B^n Sarget. *Idem.*

MM. le Marquis de Las Cazes (Léoville).
Barton. *Idem.*
Bn de Poyferré. *Idem.*
Martyns (Cos-d'Estournel-Saint-Estèphe).
Bn de Rotschild (Mouton).
De Puységur (Vivens-Durfort-Margaux).

MENTIONS HONORABLES.

MM. Guestier Junior (Saint-Julien).
Firmin-Lestapis (Saint-Estèphe).
De Luetkens (Saint-Laureut).
De Lur-Saluces (Preignac, vin blanc).
Émile Pereire (Palmer).
Pommez (Château-Haut-Barsac).
De Pontet (Château-Haut-Talence).
Goudal fils (Château-Lafitte).

M. Goudal fils a été porté par le *Moniteur* pour deux mentions honorables, l'une comme exposant, l'aetre comme colllaborateur.

En dehors de l'envoi fait par la Chambre de Commerce, M. le baron de Pichon-Longueville, propriétaire du crû de ce nom, a obtenu une médaille de deuxième classe, et M. Eugène Larrieu, propriétaire du crû de Haut-Brion, une mention honorable.

V.

CONSTRUCTIONS MARITIMES.

Modèles de MM. Arman et Guibert neveu. — Espingole de M. Chabry. — Harpons de M. Hubert.

L'art des constructions navales a été porté à Bordeaux à une grande perfection, et chaque jour des améliorations nouvelles viennent attester l'esprit inventif et la remarquable intelligence des constructeurs bordelais. Aussi, les chantiers de la Gironde sont constamment occupés à exécuter les commandes venues des points les plus divers : chaque année, notre fleuve voit lancer des navires demandés par la marine impériale, par les armateurs du Havre et de Marseille, par les gouvernements hispano-américains. L'élégance, la finesse des coupes, la rapidité de la marche, sont les qualités que tous les marins reconnaissent aux navires sortis des chantiers bordelais. Nous allons montrer, par des chiffres officiels, comment cette renommée va s'agrandissant tous les jours. Le tableau qui suit, extrait des documents publiés par l'administration des Douanes, donne le nombre et le tonnage des bâtiments construits à Bordeaux dans une période de dix années, de 1844 à 1854 :

Années.	Nombre de Navires construits.	Tonnage des Navires.
1844.............	15	2,073
1845.............	48	8,741
1846.............	42	9,145
1847.............	26	4,752
1848.............	27	5,951
1849.............	38	8,769
1850.............	43	11,008
1851.............	43	9,808
1852.............	49	12,403
1853.............	52	15,782
Totaux.........	383	88,432

On voit que le chiffre des travaux exécutés dans nos ateliers de construction suit une marche d'accroissement continu, à partir de 1848, et prend un mouvement plus rapide en 1852. Les détails précis nous manquent pour 1854 et 1855; cependant, nous croyons pouvoir affirmer que les commandes ont augmenté dans une proportion plus grande que les années précédentes. D'une enquête commencée par nous sur les travaux de 1855, il ressort que l'accroissement des travaux a depassé de beaucoup le nombre des ouvriers disponibles. Les bras manquent dans les chantiers, surtout depuis que Rochefort a été érigé port de première classe. Heureusement que cette disette de bras, en faisant hausser les salaires, contribue à attirer les apprentis dans les ateliers de construction. A l'heure qu'il est, toute une armée nouvelle de charpentiers maritimes est en train de se former, et, d'après l'appréciation d'un homme du métier, on peut affirmer, tant le nombre des élèves grandit depuis quelque temps, qu'avant peu la population ouvrière aura doublé.

Du reste, c'est à l'affluence des commandes et au manque de bras qu'il faut attribuer le retard que nos constructeurs maritimes ont mis à se présenter à l'Exposition. Encore un peu, et la plus importante, la plus justement renommée de nos industries bordelaises ne figurait pas dans le grand concours qui vient d'avoir lieu. Sur deux envois, l'un de M. Arman, l'autre de M. Guibert (neveu), le premier seul est arrivé assez tôt pour être classé et jugé officiellement. Où prendre, en effet, le temps nécessaire pour exécuter des modèles sérieux, lorsque déjà on ne peut suffire aux travaux les plus pressés? Remercions pourtant MM. Arman et Guibert neveu d'avoir su faire ce que chacun déclarait impossible : grâce à eux, l'industrie girondine a remporté l'un de ses plus beaux succès.

Deux pièces composaient l'envoi de M. Arman : un modèle de frégate de 60 bouches à feu, devant être mue par une machine à hélice de la force de 500 chevaux; — une coque de clipper représentant, en proportions minuscules, un navire sorti en 1854 des chantiers de Paludate, sous le nom du *Maréchal de Turenne*. Les clippers, on le sait, se distinguent par la plus grande longueur de leur coque, relativement à une largeur et à un creux donnés; des lignes d'eau beaucoup plus aiguës que celles des navires ordinaires augmentent considérablement la rapidité de leur marche et la promptitude de leurs manœuvres. Le *Maréchal de Turenne* a mérité d'être signalé pour sa vitesse prodigieuse, même quand on le compare à ces rapides navires construits, comme lui, dans le but de réaliser un bénéfice de temps. En 1854, il ne mit que cinquante-huit jours à franchir la distance qui sépare le Havre de Valparaiso.

Le clipper dont le modèle nous occupe fut établi d'après un système bien connu inventé par M. Arman, et qui applique aux constructions maritimes la méthode de mélange des matériaux si brillamment mise en œuvre par nos architectes pour les constructions terrestres. Il est curieux de voir comment un des ingénieurs les plus distingués de la Restauration, M. Bonnard, répondait, il y a trente ans, aux optimistes qui, pour le rassurer sur la pénurie de bois de marine dont la France était menacée, disaient : Nous emploierons le fer.

« Cet expédient rassurant pour notre légèreté, s'écriait M. Bonnard, ne souffre pas l'examen aux yeux des personnes qui ont quelques connaissances positives en architecture navale..... Il n'y a pas d'assimilation raisonnable à établir entre la manière dont agissent les fers dans nos édifices immobiles, dans nos ponts fixes ou suspendus, dans nos usines, où cependant on les voit fréquemment se rompre par l'effet d'un léger choc, par celui de quelque vibration irrégulière ou d'une simple influence de température, et la manière dont ils devraient résister s'ils formaient l'énorme corps d'un vaisseau de ligne oscillant constamment sur les flots, tourmenté en tous sens par le jeu violent des lames, par les tiraillements de sa manœuvre, par son propre poids, par l'agitation de sa mouvante population (1). »

En condamnant ainsi l'emploi du fer comme matière principale des constructions maritimes, le savant ingénieur avait bien raison d'ajouter quelques restrictions prudemment appuyées sur les découvertes imprévues et les perfectionnements scientifiques qui modifient tous les jours des procédés que leur antiquité semblait avoir fait immuables. La substitution partielle du fer au bois est aujourd'hui un fait accompli. Cette matière, mieux manipulée, plus aisément malléable, plus homogène, moins altérable à la mer et moins coûteuse, est entrée désormais pour une part prépondérante dans l'architecture maritime, et les navires dont M. Arman a exposé le modèle sont construits d'après une méthode qui emploie moitié bois et moitié fer. Il y a cinq ans déjà que le système inventé par

(1) *Des forêts de la France, considérées dans leurs rapports avec la marine, etc.*, par M. Bonnard, ingénieur de marine, directeur du service forestier maritime, etc. Paris, 1826.

M. Arman a été mis en pratique, et le progrès que cette innovation a réalisé dans l'art des constructions navales n'est plus contesté par personne.

Le *Moniteur* citait, il y a quelques jours, comme tout à fait concluant en faveur du système mixte, l'exemple du *Laromiguière.* Ce navire, établi pour le petit cabotage, et que les Parisiens ont pu admirer au port Saint-Nicolas, tout au pied du Louvre, a, depuis, porté du Havre à Varna 600 tonneaux de vivres. Battu par une effrayante tempête en face de Gallipoli, il résista pendant soixante-douze heures et fut enfin jeté sur les rochers du cap Noir. Là, des spéculateurs anglais l'achetèrent comme épave et réussirent à le remettre à flot. La coque, bois et fer, avait préservé sa machine de manière à étonner tous les marins.

L'exposition de M. Arman a été récompensée, on le sait, par une grande médaille d'honneur. L'un des contre-maîtres des chantiers de Paludate, M. Léglise, a été jugé digne d'une médaille de deuxième classe; un autre, M. Gallic, a obtenu une mention honorable.

Le second envoi, celui de M. Guibert neveu, — un nom qui fait partie de l'histoire de l'architecture navale en France, — se composait d'un modèle de gabarre de charge, construite aussi d'après le système bois et fer. Le plan qui accompagnait ce modèle permettait de l'étudier avec quelque détail, et l'on pouvait constater la fidélité et la perfection avec laquelle toutes les liaisons, tous les ferrements avaient été reproduits. Il ne nous appartient pas d'entrer dans la description technique du modèle de M. Guibert, nous dirons seulement que, grâce à d'importantes améliorations imaginées par lui, les bâtiments sortis de ses chantiers sont remarquables par la légèreté, leur solidité et la facilité avec laquelle ils se prêtent aux réparations.

Ainsi que nous l'avons dit plus haut, M. Guibert neveu est arrivé trop tard à l'Exposition : les listes étaient closes, et le comité de réception ne put soumettre officiellement son envoi au jury international. Néanmoins, M. Guibert fut sollicité de laisser son modèle au Palais de l'Industrie, et si cet habile industriel n'a pas reçu de récompense directe, il a cependant pu recueillir, comme compensation, les approbations flatteuses dont son modèle a été l'objet de la part des constructeurs de tous les pays.

La pratique de la grande pêche se rattache intimement à la marine, dont elle est une des spécialités les plus importantes. C'est pour ce motif que nous avons cru pouvoir parler, dans le chapitre des constructions tions navales, du harpon inventé par le capitaine Hubert, pour la pêche de la baleine. Les instruments employés jusqu'à ce jour ont l'inconvénient de piquer le poisson purement et simplement, et, six fois sur dix, la baleine les décroche à la première secousse qu'elle donne pour se sauver. Le harpon de M. Hubert est combiné de telle sorte que chaque effort tenté par l'animal pour fuir le danger sert, au contraire, à lui faire entrer plus avant dans le corps une lame qui pénètre jusqu'à la profondeur d'un mètre. Le capitaine Hubert a longtemps expérimenté lui-même cet instrument, que la Société philomathique jugea digne, en 1854, d'une mention honorable.

Un des principaux armuriers de Bordeaux, M. Chabry, avait envoyé au Palais de l'Industrie un très-joli modèle de canon-espingole en bronze, destiné à l'armement des navires de commerce. De tous les armuriers bordelais, M. Chabry est le seul qui ait tenté de travailler pour la marine. A ce titre, il faut regretter que son envoi à l'Exposition n'ait pas été remarqué par le jury. Une récompense accordée au canon-espingole aurait peut-être stimulé les fabricants de notre ville à suivre la voie dans laquelle est entré M. Chabry.

VI.

FERS, FONTES, ACIERS, MACHINES.

Fontes moulées de MM. MALDANT et Cᵉ; de MM. COUSIN frères. — Aciers de MM. JAKSON.
Turbine de MM. COUSIN. — Machine à vapeur de MM. MALDANT. — M. DIETZ. — Ventilateur de M. de LACOLONGE.
Pétrin mécanique de M. le docteur RABOISSON.
Appareils divers de MM. MICHEL, JAQUETTI, LAPORTE, THÉNARD et Willam STEWART.
Serrurerie de MM. VAISSIER et FAGET

I.

Les fers que l'on produit dans le département de la Gironde étaient, il n'y a pas encore longtemps, très-mal notés sur les marchés. Extraits, par le traitement au charbon de bois, des minerais de qualité inférieure que le sous-sol des landes contient en abondance, ils offraient peu de résistance et cassaient à froid. Mais, depuis que les maîtres de forges se sont avisés de mêler les minerais du pays avec ceux du Périgord et de la Catalogne, les choses ont un peu changé, et ces fontes, produites au charbon de bois, peuvent lutter avec les fontes obtenues par la houille. La production des hauts fournaux de la Gironde en 1854 s'est élevée à 4,500,000 kil. Le moulage en deuxième fusion a été d'un millon de kilogrammes environ. Il est regrettable que les maîtres de forges n'aient pas envoyé de spécimens de leur industrie à l'Exposition. Les fontes moulées de MM. Cousin et Maldant, quoique très-belles, ne sont pas la partie la plus importante de l'exposition ces industriels dont nous retrouverons les noms avant la fin de ce chapitre.

Il serait puéril assurément d'essayer de déguiser l'état arriéré du département de la Gironde en ce qui concerne l'art métallurgique. Un seul fait suffira pour montrer quels progrès restent à faire : nos constructeurs maritimes emploient, pour doubler les navires, des quantités considérables de cuivre. Tout le monde sait qu'en France les mines de cuivre sont sans importance : nous tirons ce métal de l'étranger, et quelques fonderies à Imphy, à Givet, à La Vilette, traitent les minerais venus du Pérou et du Chili. C'est là que nos constructeurs vont prendre les cuivres laminés dont ils ont besoin. Mais, pour arriver aux usines que nous avons désignées, les minerais chiliens et péruviens passent par Bordeaux, qui les reçoit ainsi de première main, et au lieu de les traiter lui-même pour satisfaire aux besoins d'une de ses plus importantes industries, les envoie dans des usines éloignées, abandonne à d'autres les bénéfices de la fabrication des cuivres bruts et du laminage, et surcharge de frais de transport, qu'il serait si facile d'éviter, un produit dont nos ateliers font une consommation considérable. Il ne s'est encore trouvé personne pour faire cesser cette situation anormale, et montrer à nos compatriotes ce que vaut, en industrie, l'économie de ressorts.

Il y a une trentaine d'années que MM. Jakson frères introduisirent en France l'industrie des aciers, délivrant ainsi l'industrie de notre pays du lourd tribut qu'il avait jusqu'alors payé à l'Angleterre. En 1851, un des chefs de la grande usine de St-Etienne quittait le département du Rhône et venait fonder dans la Gironde un établissement rival, à St-Seurin-sur-l'Isle. Le lieu choisi par l'habile industriel répondait admirablement aux nécessités de l'entreprise. Saint-Seurin est comme un point central où se croisent plusieurs importantes voies de communication et plusieurs grands cours d'eau : un chemin de fer le relie à Paris, un autre à Lyon; par Bordeaux, la Garonne et l'Isle, il reçoit les fers de Suède et la houille de Newcastle; l'Isle lui apporte les charbons de bois du Périgord; bientôt le Grand Central pourra lui fournir les charbons de l'Aveyron, dont on connaît le bon marché; enfin, un département voisin, la Dordogne, produit en abondance des terres réfractaires, particulièrement propres à la fabrication des creusets. Tant de circonstances favorables n'ont pas manqué de porter leurs fruits.

La nouvelle usine, d'ailleurs, devait profiter de la longue expérience acquise par MM. Jakson dans leur établissement de Saint-Etienne. Les fourneaux de cémentation, l'atelier de fusion, de cinglage et d'étirage, ont été installés d'après les améliorations récemment introduites dans la mécanique industrielle; un marteau-pilon, qui peut forger les pièces du plus fort calibre, et deux systèmes de laminoirs, sont mis en mouvement par cinq roues hydrauliques et une turbine. Les fours et fourneaux sont construits sur un modèle pour lequel les propriétaires de l'aciérie de Saint-Seurin ont pris un brevet, et ces Messieurs sont inventeurs de procédés propres à diminuer notablement la dépense de combustible.

L'usine de MM. Jakson et fils fabrique annuellement 15,000 quintaux métriques d'acier, et emploie un personnel de 150 ouvriers. La réputation de ses produits peut déjà se comparer à celle qu'ont si légitimement acquise les aciers de Saint-Étienne. L'envoi de ces industriels à l'Exposition universelle se composait d'acier en barres, de ressorts et de pièces de forge. Ils ont été récompensés par une médaille de première classe.

II.

C'est dans l'annexe du bord de l'eau qu'étaient placés les produits dont nous venons de parler : et avant de continuer notre examen, nous ne pouvons nous abstenir de consacrer quelques mots de souvenir à cette immense galerie de 1,200 mètres où se trouvaient réunies toutes les merveilles de la mécanique moderne. C'est en nous promenant à travers cette forêt de machines et d'engins mis en mouvement par la vapeur, que nous avons bien clairement compris l'immense influence de la science sur la vie de l'humanité. Dans ses applications à l'industrie, la science s'est donné pour mission d'arracher l'homme, graduellement et pas à pas, aux nécessités humiliantes du travail manuel, et de le rapprocher de plus en plus d'un idéal rêvé depuis longtemps : l'être humain devenu le souverain maître de la matière, et dépensant toutes ses forces aux seules occupations intellectuelles. Chaque fois qu'un inventeur trouve le moyen de substituer des agents mécaniques à la main de l'homme, il y a un pas nouveau de fait vers la réalisation de ce but qui éblouit. Aussi, en contemplant les machines de l'annexe, il n'est personne qui, à un certain moment, ne se soit senti saisi d'un orgueil fou, et n'ait prophétisé, dans un avenir prochain, la suppression du labeur corporel et la souveraineté définitive de l'homme sur la nature, avec un troupeau de machines pour esclaves.

Nous avons le regret de dire que, dans cet admirable concours des merveilles produites par la mécanique moderne, Bordeaux était faiblement représenté, et pourtant il y a, dans la Gironde, cent quarante-huit établissements où l'on fait usage de la vapeur. Nos chantiers de construction voient achever tous les jours des navires à qui la vapeur doit tenir lieu de voiles ; mais pour satisfaire à ces besoins qui vont croissant, nos industriels s'adressent à l'Angleterre, au Havre, à Nantes. Comme on l'a vu plus haut, nous recevons de première main les houilles et les fontes de la Grande-Bretagne, les fers de la Dordogne et des Landes. Évidemment, les habitudes contractées par les détenteurs des capitaux bordelais sont un obstacle au développement industriel de notre cité. De temps immémorial on a spéculé sur les produits que le bassin de la Garonne fournit si généreusement : les vins, les fruits, les farines, et, au milieu des nécessités des temps nouveaux, on continue avec une persistance un peu aveugle les errements des temps anciens. Hâtons-nous de le dire cependant, les symptômes de réveil industriel sont en grand nombre, et l'on pourra les constater dans l'examen qui va suivre.

MM. Cousin frères avaient envoyé au Palais de l'Industrie une turbine et des échantillons de chaînes-câbles pour la marine. Autrefois, les chaînes-câbles étaient la spécialité de la maison Cousin. Depuis quelques années, ces industriels ont abordé, non sans intelligence et sans succès, la fabrication des grandes machines.

La turbine envoyée par eux à l'annexe a été exécutée d'après les dessins de M. Ordinaire de Lacolonge ; elle présente, comme ensemble, les dispositions de la turbine Fourneyron. Pour le tracé des aubes, M. de Lacolonge a suivi la méthode de M. Weisbach, qui facilite la sortie de l'eau. Ces aubes sont partagées, sur leur hauteur, par une cloison horizontale qui permet de dépenser avec plus d'avantage des volumes d'eau très-variables. L'arbre de la turbine est à pivot supérieur. Avec une chute d'eau de 2 mètres, cette turbine produit une force de 904 kilog. 4, ce qui équivaut à peu près à une force de 14 chevaux 05. En une seconde, la dépense d'eau n'est que de 0,680 litres. Avec le bâtis de montage, le prix est de 4,000 fr., et sans bâtis, de 3,650 fr. Une partie des ateliers de la Poudrerie de Saint-Médard est mise en mouvement par une turbine construite sur ce modèle, et l'administration est très-satisfaite des résultats qu'elle donne. — MM. Cousin ont obtenu une médaille de deuxième classe.

Parmi les symptômes qui attestent les tendances industrielles de notre département, la création de la *Société des ateliers bordelais* doit être comptée comme le plus concluant. En 1854, sous la raison sociale E. Maldant et Ce, il se créait rue de Lormont un Établissement de construction de machines qui prit le nom de *Société des ateliers bordelais*. Cette Société, fondée sur les ruines d'un ancien Établissement que des désastres successifs avaient frappé, dut à son début se passer de crédit. Les affaires locales lui furent complétement fermées, et ses premiers, ses seuls clients furent les chemins de fer. Cependant, à force d'activité et d'intelligence, ces difficultés ont été vaincues, puisqu'à la fin de 1854, les actionnaires votaient le doublement du capital social. Au premier trimestre de 1855, les travaux commandés à la *Société des ateliers bordelais* dépassaient un million et demi, et les directeurs demandaient aux actionnaires une nouvelle émission d'actions de 500 mille francs, pour agrandir les ateliers et accroître l'outillage, ce qui leur était accordé à l'unanimité. Aujourd'hui, la Société Maldant a pour 1,800,000 fr. de travaux en cours d'exécution, et emploie un personnel de plus de 400 hommes. Ce rapide succès contient un enseignement dont on profitera, il faut l'espérer, car il prouve d'une manière irrécusable la toute puissance de l'esprit d'association.

En même temps qu'organisateur actif et intelligent, M. Maldant est mécanicien distingué, et il a inventé un système rationnel et économique pour la distribution de la vapeur dans les machines. Son distributeur, dont il a envoyé un modèle à l'Exposition, est de construction plus simple que ceux usités jusqu'ici : le tiroir, percé de deux ouvertures, glisse à frottement doux entre la table des lumières du cylindre et une pièce tenue à distance fixe, portant des ouvertures pour l'introduction et l'échappement de la vapeur. Ces différentes surfaces, rodées avec soin, sont en contact tellement immédiat, qu'il n'existe aucune suite, et d'ailleurs l'encadrement de la boîte de tiroir étant supprimé, on peut vérifier les fuites et les réparer, s'il s'en déclare. Cette invention, vraiment très-ingénieuse, est appelée à rendre de très-grands services, surtout dans les machines à vapeur de dimensions considérables. Le jury a décerné à M. Maldant une mention honorable.

Quoique M. Charles Dietz se soit retiré du concours pour des raisons que nous ne connaissons pas, il serait injuste de clore cette étude sur les constructeurs de machines à Bordeaux, sans mentionner les ateliers que cet habile mécanicien a établis dans le quartier de Paludate, en 1850. M. Dietz a le droit de revendiquer une bonne part d'influence dans le progrès qui s'est manifesté depuis quatre ans. Nous ne saurions indiquer au juste l'importance des ateliers de Paludate, le chiffre du personnel employé et la valeur de l'outillage mis en usage; mais voici quelques renseignements sur lesquels on peut baser une appréciation. Depuis 1850, M. Dietz a construit : 28 machines à vapeur, dont 21 pour fabriques et 7 pour moulins à blé; 1 machine à hélice pour le navire *l'Aquitaine*, 1 machine à vapeur pour *la Picardie*, 8 machines hydrauliques à roues et turbines pour moulins à blé; le tout composant une puissance de 808 chevaux. Des ateliers de M. Dietz sont sorties presque toutes les machines à vapeur ou hydrauliques qui fonctionnent dans les usines de la Gironde. Il faut regretter que cet industriel ait renoncé à envoyer un spécimen de ses produits au Palais de l'Industrie.

A propos de la turbine de MM. Cousin,

nous avons nommé le capitaine Ordinaire de Lacolonge, directeur de la Poudrerie de Saint-Médard. En dehors des travaux que lui impose le poste qu'il remplit, M. de Lacolonge s'occupe de mécanique, et son attention s'est portée sur la théorie des ventilateurs, qui sont d'une si grande utilité pour les travaux des mines. Dans le modèle envoyé par lui à l'Exposition, il a suivi les proportions indiquées par un Mémoire qu'il présenta en 1851 à l'Académie des Sciences. Ce ventilateur est établi de façon à donner, avec une vitesse de 1,200 tours par minute, un volume de 1,000 litres d'air par seconde, sous une pression de $0^{m}135$ d'eau, en exigeant une force de 3 chevaux 6 dixièmes.

Les expériences faites par le jury ont constaté que l'auteur ne s'était pas trompé dans ses prévisions, ce qui permet de croire que bientôt la science se sera enrichie d'une théorie sur laquelle on pourra compter avec une entière certitude. M. de Lacolonge a été récompensé par une médaille de première classe.

III.

S'il est des travaux où l'intervention des machines soit à désirer, la fabrication du pain doit être nommée en premier lieu. D'abord, les forces et le temps dépensés par les ouvriers pétrisseurs ne sont plus en proportion raisonnable avec le travail produit ; ensuite, les garanties de propreté sont loin d'être suffisantes. Pourtant, il s'agit d'un objet qui fait la base de notre alimentation. Le pétrin mécanique de M. Raboisson obvie à ce double inconvénient.

A Bordeaux, tous les hospices, la Boulangerie des Familles, M. Lousteau (rue Clare), etc., emploient le pétrin Raboisson. Une de ces machines fonctionne chez M. Bayle, boulanger à Lorient, près Créon. Enfin, plusieurs capitaines de navires ont adopté le nouveau système de panification. — Nous allons mettre sous les yeux du lecteur quelques lignes du *Journal des Débats*, dans lesquelles M. Émile Thomas apprécie la machine de M. Raboisson :

« Les pétrins mécaniques, dit-il, sont très- » nombreux à l'Exposition, mais ils appar-

» tiennent à la France seulement. Le pétrin » du docteur Raboisson, de Bordeaux, est » un peu trop simple, en ce que les effets ne » m'en semblent pas suffisants. C'est une caisse » rectangulaire tournant sur un axe qui ne la » traverse pas, et dans l'intérieur de laquelle » joue librement un châssis prismatique formé » de tringles de fer; en un mot, une espèce » de cage. La pâte, entraînée dans le mou- » vement rotatoire de la caisse, se lamine et » s'étire en retombant sur le châssis. C'est, » comme on le voit, une modification de ce » broyeur bien connu, un tonneau dans le- » quel roulent des boulets. Le plus grand » avantage de ce pétrin est d'avoir été adopté » dans plusieurs boulangeries importantes de » Bordeaux et du département de la Gironde, » qui se sont ainsi décidées au pétrissage » mécanique. »

Nous croyons savoir que la trop grande simplicité dont M. Thomas fait un reproche au pétrin bordelais, est toute de parti pris, les exploiteurs de l'invention visant surtout à la propager dans les petits villages de nos campagnes. A ce point de vue, on comprend que le bon marché de la machine est de première nécessité et dépend de la simplicité de l'exécution; on comprend aussi que cette même simplicité rend possibles les radoubages et raccommodements par les forgerons ou menuisiers de campagne, ce qui n'aurait pas lieu avec un instrument d'un mécanisme savant et compliqué. — Les pétrins-Raboisson coûtent 150 et 400 fr.; leurs rivaux de l'Exposition coûtent 1,500 et 2,000 fr.

Jusqu'à présent, l'instrument inventé par M. Raboisson est le seul qui ait pu être employé dans la manutention des navires. Plusieurs capitaines de notre port l'ont adopté à cause de son peu de volume et de la facilité avec laquelle on peut le transporter. Les mêmes raisons qui le rendent précieux pour les fermes et les établissements agricoles, le désignent aussi aux choix des navigateurs.

Une Commission de l'Académie de Bordeaux avait déjà rendu un compte très-favorable de l'invention du docteur Raboisson; une medaille grand module et une médaille de bronze en avaient attesté la supériorité aux expositions de Bordeaux et dans les Comices agricoles. Le jury de l'Exposition universelle a accordé à M. Raboisson une mention honorable.

IV.

M. Michel, balancier-mécanicien à Bordeaux, représentait la mécanique générale à l'Exposition. La première partie de son envoi consistait en une bascule décimale à romaine, réglée d'après un système fractionnaire inventé par lui, et qui permet de peser les plus gros fardeaux comme les plus petits jusqu'à 10 grammes. L'instrument nous a paru digne d'être remarqué à cause de son peu de volume et du petit espace qu'il occupe.

La seconde partie de l'envoi de M. Michel comprenait deux romaines d'un nouveau modèle destinées à servir aux boulangers pour peser le pain à domicile. On sait de quelle incommodité sont pour les garçons boulangers les balances et les poids qu'ils doivent porter avec eux chez les clients qu'ils desservent. Les romaines de M. Michel pourront très-bien être substituées à cet incommode attirail, car elles offrent une précision parfaite et peuvent peser des objets depuis 10 kilog. jusqu'à 1 gramme. Le prix de ces instruments les met à la portée des bourses les plus médiocres.

M. Jaquetti avait envoyé une table de pierre artificielle pour l'étamage des glaces. La pierre à étamer est, de tous les outils nécessaires à l'étameur, le plus coûteux et le plus difficile à se procurer lorsqu'on dépasse certaines dimensions. Il n'est pas rare de trouver, même à Paris, des Établissements qui, faute de pierres, ne peuvent entreprendre l'étamage des grandes glaces. Les tables de deux ou trois mètres carrés, en ardoise ou en marbre, coûtent 5 et quelquefois 6,000 francs. Remarquons en outre que les frais de transport de ces tables en augmentent considérablement le prix, et que leur fragilité rend les accidents très-nombreux. L'invention de M. Jaquetti met à néant toutes ces difficultés. Au moyen du ciment anglais, cet industriel fabrique, à des prix très-minimes, des pierres à étamer de toutes les dimensions, si parfaitement lisses qu'on pourrait enlever la glace presque immédiatement après l'opération de l'étamage, tant le mercure s'écoule vite. La manufacture de Saint-Gobain avait exposé deux grandes glaces qui ont été fort admirées : la table qui a servi à les étamer, construite d'après le système de M. Jaquetti, et sur son autorisation, n'a pas moins de 5^m61 de longueur sur 3^m64 de largeur. L'inventeur bordelais a reçu de la part des directeurs de Saint-Gobin les félicitations les plus flatteuses. On n'emploie plus dans cette manufacture que les pierres artificielles de M. Jaquetti.

M. Jaquetti possède à Bordeaux un établissement considérable où il met son procédé en pratique, et la longue expérience qu'il y a acquise lui a suggéré une autre amélioration, moins importante, mais qui mérite d'être notée. Dans la difficile et délicate opération de l'étamage, il a substitué avec succès des supports de bois aux bras d'hommes, évitant ainsi les ondes que le moindre mouvement cause dans l'étain. Par cette méthode, il suffit de deux hommes pour étamer une glace, lorsque, précédemment, il en fallait quatre, et ce travail est tellement simplifié, que l'habile industriel s'engage à former un bon ouvrier en huit jours. M. Jaquetti a obtenu une médaille de deuxième classe.

Sous ce double titre : *Micromètre proportionnel* et *Sinus-Cosinus métrique*, M. E. Laporte, professeur de géométrie à Bordeaux, a exposé le dessin d'un instrument topographique destiné à apprécier instantanément la distance vraie de deux stations, leur différence de hauteur et leur distance horizontale.

L'instrument que nous allons décrire fait donc, en même temps, l'office de niveau, de clisimètre et de stadia. Le programme que s'était tracé l'auteur ne consistait pas seulement à établir un instrument qui dispensât de l'emploi de trois autres, mais encore à étendre considérablement les résultats que peuvent donner les instruments expéditifs que nous venons de nommer.

Les praticiens seuls pourront apprécier les soins délicats apportés dans le mode d'agencement des divers organes de cet instrument portatif. Nous allons mentionner ici quelques-unes de ces améliorations, qui sont tellement manifestes, qu'elles frapperont les yeux des personnes étrangères à l'art topographique :

Les stadias exigent l'emploi de tables spéciales pour l'évaluation des distances, tandis que le micromètre marque lui-même, à un décimètre près, la distance qu'il s'agit d'apprécier.

On sait quelles difficultés présente, dans les niveaux connus, l'opération du centrage.

L'emploi du micromètre, comme niveau expéditif, fait éviter les tâtonnements ordinaires, car le mécanisme qui fait glisser le vernier sur l'échelle gravée sur la paroi du micromètre, fait mouvoir en même temps un fil réticulaire. Chaque variation dans l'espacement des fils du réticule, correspondant à une variation du vernier deux cents fois plus considérable, on pourra connaître, avec certitude et sans tâtonnements, si le fil réticulaire mobile se trouve ou non dans le plan de l'axe, pourvu toutefois que la lunette ait été une fois *centrée* et que l'on connaisse le point où le vernier doit s'arrêter.

Le niveau de pente de Chezy et tous les clisomètres connus peuvent donner la pente par mètre. Le sinus-cosinus pourrait aussi produire ce résultat, qui devient inutile dans la plupart des cas, attendu que le nouvel instrument donne la pente totale, à un centimètre près. Il marque, en outre, la ligne de cultellation, et il permet de contrôler, par des opérations indépendantes, les résultats obtenus.

Pour comprendre le jeu de l'instrument, il ne faut jamais perdre de vue les observations suivantes :

La distance où se trouve un jalon est donnée par le micromètre;

La hauteur d'un point au-dessus d'un autre est marquée par le sinus;

La ligne de pente est donnée par un autre organe essentiel qui porte le nom de *sécante;*

Enfin, la ligne de cultellation est marquée sur le cosinus.

M. Ed. Laporte a exposé deux modèles qui sont établis d'après les mêmes principes, mais qui diffèrent essentiellement dans la construction des organes principaux. Nous avons sincèrement regretté que cet ingénieux appareil n'ait pas été construit.

M. Thénard est un ingénieur bien connu dans nos départements du sud-ouest par ses beaux travaux entrepris pour la canalisation de l'Isle. Ses procédés de barrage, que l'on peut encore voir fonctionner sur plusieurs points du département de la Dordogne, lui font le plus grand honneur. M. Thénard, esprit inventif, est l'auteur de plusieurs appareils propres à faciliter les travaux qu'on exécute sur les petits cours d'eau. Il avait envoyé à l'Exposition le plan d'un radeau dragueur qui est mis en usage à Guîtres avec un plein succès. Ce radeau a valu à M. Thénard une médaille de deuxième classe.

M. Villian Stewart avait exposé un appareil pour tailler les verres d'optique et donner aux lentilles une courbure uniforme et déterminée; il nous est impossible de décrire ou d'apprécier cet instrument, dont l'invention remonte d'ailleurs très-loin, puisqu'en 1825, M. Bréguet en faisait l'objet d'un rapport très-élogieux. C'est tout ce que nous pouvons en dire.

V.

Dans ce chapitre, où nous avons voulu rassembler tous les produits se rattachant de près ou de loin à la métallurgie ou à la mécanique, on nous permettra bien de consacrer une petite place aux travaux de serrurerie. MM. Vaissier et Faget les représentaient au Palais de l'Industrie.

M. Vaissier avait exposé un coffre-fort d'une forme très-élégante, s'il est permis d'appliquer un telle épithète à un pareil objet; mais on peut montrer du goût dans les productions qui semblent en comporter le moins. Les objets que fabrique la maison Vaissier luttent avantageusement avec ceux qui sortent des ateliers parisiens, pour la solidité et le fini du travail. Assurément, les coffres-forts forment une catégorie de produits qui ne s'adressent pas précisément à une multitude de consommateurs ; néanmoins, les commandes affluent chez M. Vaissier ; preuve certaine de l'excellence de sa fabrication.

Il nous reste à parler des ouvrages de serrurerie exécutés au repoussé par M. Faget. Après tant d'arides descriptions de machines ou appareils, tous importants à divers degrés au point de vue utilitaire, il nous est doux, nous l'avouons, de terminer par l'examen des œuvres d'un ouvrier-artiste. M. Faget, en effet, n'est pas un serrurier vulgaire ; il se livre par goût, et même avec une sorte de passion, à des travaux qui rappellent les plus beau temps de l'ancienne serrurerie. Il avait envoyé au Palais de l'Exposition une colonne corinthienne, exécutée au marteau. Le chapiteau seul, travail d'une haute difficulté, a dû coûter à M. Faget plus de six mois de temps. Il est vraiment fâcheux que cet excellent ouvrier, qui persiste courageusement à faire de la serrurerie artistique dans une époque où ce genre est peu en vogue, n'ait pas été l'objet de quelque distinction de la part du Jury. M. Faget est l'auteur des rampes du Grand-Théâtre, et achève en ce moment une porte pour la Bourse. La Société Philomathique l'avait récompensé en 1854 par une médaille de bronze.

VI.

ARTS CHIMIQUES.

Produits chimiques : MM. Tessier, Damas et Mazonobe, Renault, Mangeot, Fleury, Tessier, Blétery, Fritz-Sollier.
Préparation des cuirs : MM. Monneins fils, Raymond, Dubois et Seutin.
Papeterie : MM. Vorster, Bernard.

I.

Le sujet de ce chapitre ramène notre attention sur les landes de Gascogne. C'est, en effet, du pin maritime, le produit le plus abondant du sol landais, que découle l'importante industrie dont nous allons entretenir le lecteur. Disons d'abord quelques mots sur l'art du résinier.

Lorsque le pin maritime a atteint l'âge de trente ans et qu'il a 1 mètre de diamètre environ, il est mûr pour la récolte. Le résinier commence alors à pratiquer sur le tronc des incisions qui, partant du pied de l'arbre, peuvent s'élever jusqu'à une hauteur de 4 à 5 mètres; elles sont graduellement rafraîchies et successivement ouvertes tout autour du tronc, qu'elles entourent comme une ceinture de plaies d'où la résine coule à flots épais et lents dans des trous ou godets creusés au pied de l'arbre. Ce premier produit est connu sous le nom de *gème molle*. Un pin fournit, en moyenne, 1 litre $^1/_4$ de gème par an; on en a vu fournir 2 et même 3 litres. Au moment où nous écrivons, la gème vaut 14 c. le litre.

La gème subit trois transformations différentes; elle devient, à la suite de manipulations diverses, térébenthine, résine jaune et goudron.

Pour obtenir la térébenthine, qui est la partie la plus pure du suc du pin, on place la gème ou résine molle dans une auge en bois à base inclinée et percée de petits trous. Cette opération n'est possible qu'en été; car, pour l'entreprendre, le résinier a indispensablement besoin de la collaboration du soleil. Sous les rayons ardents de juin, la gème entre peu à peu en fusion. La partie la plus pure, tamisée par les petits trous, glisse dans un vase inférieur : c'est la *térébenthine de Bordeaux*. Cette matière est peu estimée dans le commerce, mais elle donne naissance à des produits qui l'emportent de beaucoup sur leurs similaires : nous voulons parler de l'huile ou essence obtenue en distillant la térébenthine de Bordeaux.

Pour la distillation de la térébenthine, on a employé jusqu'ici des moyens d'une simplicité primitive. Cette matière, toujours chargée de corps étrangers, sable, éclats de bois, feuilles de pin, a besoin d'être épurée. Pour cela, on la place dans une chaudière chauffée à feu très-doux; les corps étrangers se précipitent au fond du récipient ou surnagent, selon leur degré de pesanteur. Nous verrons plus loin les perfectionnements apportés daus cette opération; mais, pour le moment, nous devons nous borner à dire qu'elle fournit deux produits : l'un liquide, l'huile de térébenthine; l'autre solide, le brai sec, qui est la base de la résine jaune dont on se sert dans le commerce.

Ces matières servent à l'éclairage, au dégraissage, à la confection des vernis, et entrent dans un grand nombre de préparations chimiques. Il est superflu de mentionner le goudron, qui est le produit des débris du pin enduits de résine et qu'on soumet à la combustion. Tout le monde sait quel rôle important le goudron joue dans les constructions navales.

L'art du résinier proprement dit, les moyens employés pour tailler le pin et extraire de ce végétal la substance résineuse qu'il élabore, n'ont pas été représentés à l'Exposition, où cependant ils auraient à bon titre attiré l'attention. En revanche, l'industrie qui exploite les matières premières produites par le pin maritime a figuré très-honorablement au Palais des Champs-Élysées, grâce à l'envoi de la maison Tessier, Damas et Mazonobe.

L'usine de ces industriels est située sur un point des landes qui peut nous fournir incidemment une preuve nouvelle à l'appui de tout ce que nous avons dit dans notre premier chapitre. Lacanau est un village situé à une distance à peu près égale de La Teste et du Verdon. Il n'y a pas longtemps encore, les habitants ne pouvaient sortir de chez eux pendant tout l'hiver, et de riches forêts dépérissaient sur pied par suite de l'impossibilité d'en transporter les produits : « L'isolement et » la misère des habitants de ce malheureux » pays, dit un rapport d'ingénieur, les avaient

» conduits à un état d'abaissement qu'on était
» étonné de trouver dans un des plus beaux
» départements et aux portes d'une des plus
» grandes villes de France. »

Cependant, l'administration des ponts-et-chaussées entreprit le prolongement de la route de Saint-Médard jusqu'à Lacanau; les travaux étaient à peine arrivés à moitié achèvement, que là où naguère on apercevait quelques chaumières et quelques maigres troupeaux, on vit deux voitures publiques s'établir, le prix des bois doubler, et les terrains, desséchés, acquérir une valeur triple. L'usine Tessier est située sur le territoire de cette commune, et la fabrication de la térébenthine s'y pratique sur une très-grande échelle.

Nous avons dit plus haut que la gème molle était, en premier lieu, soumise à une épuration préparatoire, au moyen d'une grande chaudière chauffée à feu doux; mais, pendant cette opération, qui sépare la partie pure de la résine molle des corps étrangers dont elle est mêlée, il se dégage en vapeur une certaine quantité d'huile volatile ou essence de térébenthine, qu'on peut évaluer à 7 kilogrammes environ par barrique de 228 litres de matière résineuse. MM. Tessier ont imaginé un appareil distillatoire qui s'applique à la chaudière et recueille l'huile volatile, jusqu'ici entièrement perdue.

La gème molle une fois épurée, il s'agit d'en extraire l'essence de térébenthine qu'elle contient. Le mode généralement adopté consiste à recevoir dans un alambic toute la vapeur qui se dégage d'une chaudière à large surface, chauffée à feu nu. Cette méthode produit une essence grasse, colorée et souillée de matières étrangères. Pour comprendre les défectuosités de ce système, il faut savoir que la térébenthine pure ne se distillant qu'à 156 degrés de chaleur, il s'ensuit que toutes les vapeurs qui se dégagent à une chaleur inférieure, telles que la rétinaphte et la rétynile, et celles qui se dégagent à une chaleur supérieure, comme la métapthaline, viennent se mêler à l'huile essentielle. L'essence ainsi obtenue a donc besoin d'être épurée; encore ne peut-elle l'être qu'imparfaitement. Pour obvier à ces inconvénients, MM. Tessier chauffent d'abord leur alambic au moyen du feu, jusqu'au point où la chaleur a atteint 156 degrés; pendant cette période ascendante, la rétinaphte et la rétynile se sont évaporées. On arrête alors le feu, et l'on continue la distillation en appliquant à l'alambic de la vapeur à 156°, fournie par une chaudière timbrée à six atmosphères. A partir de ce moment, le résultat de la distillation est l'huile essentielle à l'état de complète pureté, incolore, et pouvant être employée dans toutes ses applications. Les opérations rectificatives, longues et coûteuses, deviennent ainsi inutiles. En outre, par ces procédés, on retire d'une barrique bordelaise de térébenthine brute 8 kilog. d'essence de plus que par l'ancienne méthode.

C'est aussi par l'application de la vapeur que la maison Tessier a trouvé le moyen de fabriquer, même en hiver, la résine jaune, et de donner à cette matière une beauté et une transparence inconnues jusqu'ici.

En somme, par l'emploi des procédés de M. Tessier, une barrique bordelaise de térébenthine brute donne 15 kilog. d'essence de plus que par les appareils dont on se sert partout ailleurs : les opérations sont notablement simplifiées, et les produits obtenus d'une incontestable supériorité. La maison Tessier, Damas et Mazonobe, a pris, en 1852, un brevet qui lui garantit pour dix ans le bénéfice du système dont l'un de ses chefs est l'inventeur. Cette maison avait envoyé à l'Exposition de la térébenthine, de la colophane et des huiles essentielles.

M. Charles Renault est encore un de ces industriels qui n'acceptent pas les errements de leurs prédécesseurs sans examen, et qui tendent toute leur intelligence vers la recherche de méthodes plus parfaites, plus expéditives et plus économiques. Il avait exposé des esprits rectifiés et dénaturés, des vernis, de l'huile siccative et de l'huile oxigénée. On voit, d'après cette énumération, que les matières premières que manipule M. Renault sont des produits du sol girondin, l'alcool, et surtout la térébenthine, qui occupe une grande place dans la fabrication du vernis. Cet industriel a employé de longues et laborieuses recherches à perfectionner la rectification de l'alcool. L'année dernière, à l'Exposition bordelaise, on avait particulièrement remarqué son vernis au copal d'un brillant parfait, entièrement incolore et ne se gerçant pas au frottement. Cette préparation s'applique très-heureusement sur les bois, les cuirs, les métaux, et est très en usage pour les bijoux; elle est incolore et ne prend jamais, sous l'influence de l'air, ces teintes jaunes si désagréables à l'œil. Un détail curieux à noter, c'est que, dans la fabrique Renault, dont les affaires sont considérables à l'exportation, on occupe exclusivement les membres de la famille nombreuse dont M. Charles Renault est le chef. C'est le système patriarcal en plein XIXe siècle. L'exposition de M. Renault lui a mérité une mention honorable.

MM. Mangeot, Loyer et Ce, ont un établissement, rue de l'Estey-de-Bègles, d'où il ne sort que des produits très-estimés dans le commerce. La graisse oléagineuse exposée par eux s'emploie avec succès, dit-on, pour les rouages, transmissions, etc. On a dû renoncer à s'en servir dans l'intérieur des cylindres à vapeur, parce qu'elle se combine avec la vapeur et forme un savon qui vient obstruer les lumières en peu de temps. Quoique n'étant pas inventeurs du procédé de distillation par lequel ils obtiennent l'huile pyrogénée qu'ils vendent sous le nom d'*huile sicco-lustrée*, MM. Mangeot, Loyer et Ce ont porté ce produit à une perfection qui mérite d'être mentionnée.

M. Fleury, qui avait exposé de la térébenthine épurée, fabrique peu, mais très-bien. Ses produits, d'une excellence reconnue, furent récompensés à Londres, en 1851, par une mention honorable.

Les raffineries sont nombreuses à Bordeaux, et nous devons, en passant, manifester le regret qu'aucune d'elles n'ait cru devoir concourir dans la grande lutte industrielle qui vient de se clore. Cette abstention peut assurément être considérée comme la cause d'un succès de moins pour la Gironde. Le raffinage des sucres exige l'emploi d'une grande quantité de noir animal; aussi rencontre-t-on autour de Bordeaux cinq ou six moulins où se fabrique ce produit.

Le noir animal, on le sait, s'obtient par la réduction en poudre des os carbonisés. De tous ces établissements, le plus considérable est celui de M. Henry Tessier; il n'y a qu'une voix pour louer l'excellente organisation de cette vaste usine, où l'on s'occupe à la fois du dégraissage des os, de l'extraction du suif et de la fabrication du noir animal. Les agriculteurs et les raffineurs recherchent beaucoup les produits de M. H. Tessier. Cet industriel avait envoyé au Palais de l'Exposition du noir animal, du suif blanc pour pistons de machines à vapeur et du suif brun propre à fabriquer des savons. Cette liste dit assez avec quel intelligent ensemble une même matière première est manipulée dans l'usine Tessier, et combien de transformations diverses elle y subit. Mais ce n'est pas tout. Sous le nom aussi de M. H. Tessier figuraient à l'annexe de l'agriculture des spécimens d'engrais et une gerbe d'épis de blé obtenus par cet engrais. Après le traitement des os par la vapeur, les eaux qui ont servi à cette opération sont grasses et chargées d'azote; de plus, une fabrique de noir animal produit constamment des détritus et des débris en très-grande abondance. Ce sont ces deux matières que M. Tessier combine de façon à en faire un engrais d'un excellent usage, s'il faut en juger par les épis exposés.

M. Blétery avait aussi envoyé du noir animal en grain et en poudre. L'établissement de cet industriel, monté sur une moins grande échelle que le précédent, jouit néanmoins d'une bonne réputation.

Nous nous sommes occupés, en commençant ce chapitre, des matières premières que produisent les landes de Gascogne; nous avons suivi les diverses transformations de la substance que les résiniers des *pinadas* savent extraire du pin maritime; nous avons montré la gème se changeant en térébenthine, en essence volatile, en colophane, en goudron, puis se combinant en vernis, en huiles pour la peinture et l'ébénisterie. Maintenant, nous allons la voir dans une nouvelle et plus étonnante transformation concourir à l'habillement de l'homme et l'abriter contre le froid et le mauvais temps. C'est à M. Fritz-Sollier qu'est due cette merveilleuse mise en œuvre des produits résineux.

M. Sollier s'est occupé pendant longtemps de la fabrication des étoffes rendues imperméables par l'emploi du caoutchouc. Mais le caoutchouc est un produit exotique qui, malgré son abondance, ne laisse pas de coûter assez cher. L'ingénieux fabricant a imaginé de nous affranchir du tribut payé à l'Amérique, en substituant à la gutta-percha un enduit formé de résine et d'huile siccative de lin. L'entreprise réussit à merveille, et le succès de l'invention est aujourd'hui consacré. Pour s'en convaincre, il n'y a qu'à visiter le vaste établissement que M. Fritz-Sollier dirige à Caudéran : là se préparent d'énormes quantités d'étoffes qui résistent aussi bien à l'humidité et à la pluie que les produits du caoutchouc, et qui sont exemptes de l'odeur fade et écœurante qu'exhale cette dernière substance.

La manufacture de Caudéran compte parmi les établissements les plus importants de la Gironde. M. Fritz-Sollier avait envoyé des étoffes et des toiles pour bâches, rendues imperméables par l'application d'un enduit résineux. Cet industriel a obtenu une médaille de deuxième classe.

II.

Nous n'en avons pas encore fini avec les arts chimiques, quoique déjà nous ayons passé en revue des industries bien diverses. Dans la Xe classe, relevant du 3e groupe : *Industries spécialement fondées sur les agents physiques et chimiques*, à la suite des essences, des vernis, du caoutchouc, etc., on trouve aussi les cuirs, les peaux et les papiers. Ces trois genres de produits se fabriquent dans la Gironde, le premier avec une supériorité reconnue

Il y a longtemps, en effet, que les tanneries de Bazas ont acquis de la célébrité, et tout le monde sait le cas que font les cordonniers des tiges dites de Bordeaux. Aujourd'hui, les fabriques bordelaises tiennent le premier rang dans la préparation des cuirs, et cette supériorité s'explique très-bien par l'importance qu'a prise dans notre ville l'industrie des chaussures. Non-seulement nos confectionneurs écoulent une grande quantité de leurs produits sur tous les marchés du Midi, mais la cordonnerie de Bordeaux est aussi l'objet d'une exportation considérable.

M. Monneins fils, dont l'établissement est situé à Gironde, près La Réole, avait envoyé au Palais de l'Industrie des peaux préparées d'un excellent aspect, et qui prouvent qu'il n'est pas resté en arrière de tous les perfectionnements introduits depuis une cinquantaine d'années dans l'art du tanneur.

On peut en dire autant des cuirs de veau de M. Raymond aîné, de Bazas.

MM. Dubois et fils dirigent, rue de Cheverus, un établissement important dont les produits sont très-recherchés dans le commerce. Nous avons entendu affirmer que les tiges de bottes sorties de chez MM. Dubois sont payées par les cordonniers 3 fr. de plus que celles de leurs concurrents. Ces industriels, qui emploient dans leurs travaux des procédés qui leur sont particuliers, avaient exposé des peaux de veau cirées et vernies parfaitement préparées.

La mégisserie de M. Seutin, située au chemin du Tondu, jouit dans tout le Midi et les colonies d'une grande réputation. Il n'y a qu'une voix pour reconnaître l'excellence des produits de cet industriel, à qui le jury de la dernière Exposition bordelaise reprochait seulement de n'être pas installé sur un pied suffisant pour satisfaire à toutes les commandes qu'on lui adresse. M. Seutin fabrique en même temps des cuirs vernis pour chaussures et des toiles vernies pouvant servir de tapis ou de tentures. Le directeur de l'établissement du Tondu a le premier importé la fabrication des cuirs vernis dans la Gironde. C'est un titre à la reconnaissance du département, et nous sommes heureux de le constater. Les cuirs vernis envoyés par M. Seutin au Palais de l'Industrie supportaient très-bien, pour le moelleux et l'éclat, la comparaison avec leurs similaires parisiens. Le jury les a jugés dignes d'une mention honorable.

III.

En 1830, des capitalistes bordelais, attirés sans doute par le désir de participer aux bénéfices de la papeterie angoumoisine, fondèrent à Montfourrat une usine pour la fabrication du papier. Le lieu était fort heureusement choisi : Montfourrat est situé sur une petite rivière appelée la Dronne, entre La Rochechalais et Coutras, à peu de distance du chemin de fer de Bordeaux à Paris. L'entreprise fut faite sur un très-grand pied : 1,500,000 francs environ furent consacrés à construire et à organiser l'usine. Mais, malgré la hardiesse de ce début, peut-être même à cause d'elle, la papeterie de Montfourrat ne prospéra pas longtemps. En 1841, les premiers propriétaires cessèrent de l'exploiter et la vendirent au prix de 125,000 fr. Cet échec doit-il être attribué à une gestion inhabile ou seulement aux frais énormes entraînés par une première mise de fonds trop considérable? C'est ce que nous ne pouvons pas décider : il est probable d'ailleurs que ces deux causes contribuèrent à la ruine de la nouvelle usine, qui pendant sept ans resta inexploitée.

Un industriel depuis longtemps familier avec la direction des usines à papier, M. Vorster, entreprit en 1848 de relever Montfourrat. L'époque n'était pas précisément bien choisie. Aussi l'expérience ne fut pas de longue durée, puisqu'en 1849 M. Vorster l'abandonnait, emportant toutefois la conviction que, dans un temps plus propice et moyennant des améliorations indispensables, la papeterie girondine pouvait lutter avantageusement avec ses rivales de la Charente. Ce que M. Vorster pensait alors, il l'a réalisé depuis.

Montfourrat, réorganisé, muni de machines nouvelles, aménagé sur un autre plan, est aujourd'hui un établissement très-prospère dont l'avenir ne peut donner aucune inquiétude, et qui occupe près de trois cents ouvriers. L'industrie des papiers est bien définitivement acclimatée chez nous. On sait dans quelles énormes proportions ces produits se consomment dans notre époque écrivassière et paperassière; elles sont telles, qu'on a redouté avec quelque raison pour l'avenir le moment où l'on ne pourra plus se procurer la matière première de cette industrie. L'entreprise de M. Vorster est donc d'un haut intérêt pour le département, et l'usine de Montfourrat doit être classée parmi les établissements les plus importants de la Gironde.

Quoique l'œuvre de réorganisation de M. Vorster ne date que de 1854, cet industriel a pu envoyer des spécimens de sa production au Palais de l'Industrie; ils consistaient en une série de papiers à lettres, de nuances et de forces diverses, mais tous d'une grande finesse et d'une remarquable netteté. M. Vorster a victorieusement renversé les prétentions un peu orgueilleuses des fabricants charentais, qui s'attribuent le mérite exclusif de ce genre de fabrication. Un très-beau papier verger portant le nom de l'usine de Montfourrat et celui de son directeur a été particulièrement remarqué.

Une médaille de 1re classe a récompensé l'intelligence et l'habileté de M. Vorster. Ainsi, la papeterie girondine, pour son premier début, remporte un succès : c'est un heureux présage d'avenir.

Le papier de M. Bernard, de Libourne, pour transports autographiques, se recommande surtout par la facilité de sa préparation. Nous manquons de renseignements sur l'importance de l'industrie de M. Bernard et sur la nature des débouchés par où s'écoulent ses produits.

VII.

LA SOIE, LES LAINES, LES TAPIS.

Soies grèges de MM. André Jean et Sébastien Roger. — Soies grèges et filées de M. le comte Bromo Bronski. — Laines filées, couvertures et tapis de MM. Laroque et Jaquemet, et F. Boinot. — Nattes de M. Lambert.

I.

La soie était dès longtemps connue en Chine, que les civilisations grecque et romaine n'en faisaient qu'un microscopique usage. Ce précieux tissu se vendait littéralement au poids de l'or, et les historiens des Césars attestent qu'un velarium de soie était, à cette époque, un luxe où atteignaient seuls les plus riches patriciens. Du reste, en ce temps-là, il n'était possible de se procurer des étoffes de soie qu'au moyen d'une importation lointaine et coûteuse : l'empire des Chinois s'était fait un monopole de ce genre de culture et de cette industrie, comme de sa civilisation éternellement décrépite et immobile. Les moines grecs qui l'apportèrent à Justinien ont eu l'incomparable modestie de garder l'anonyme.

Cultivé, dès le XIIIe siècle, en Provence et dans le Comtat, mais sur une échelle de peu d'étendue, le mûrier à soie ne prit son extension définitive dans notre pays que sous le règne et par les soins intelligents d'Henri IV, le roi gascon, presque un compatriote pour les Bordelais. Malgré la sévère parcimonie de son ministre, le raide Sully, ce monarque, aidé des judicieux conseils du grand agronome Olivier de Serres, fit planter un certain nombre de mûriers, quinze à vingt mille pieds environ, dans le jardin des Tuileries; il eut la satisfaction de voir, sous son règne, la consommation de la soie atteindre quatre millions d'écus d'or (quarante millions de notre monnaie). Il aimait sagement le luxe, ce bon Béarnais qui, toute sa vie, se vêtit si mal, et qui disait avec une bonhomie narquoise aux députés du clergé : « Je porte jaquette grise. » Par une intuition patriotique, il avait entrevu dans l'avenir les incalculables riches-ses que l'industrie qu'il fondait devait procurer à la patrie française.

L'industrie de la soie est la seule en France qui ne connaisse pas de rivale dans le monde entier. La *Statistique générale* évalue à 402,442,347 francs le chiffre de la production de la soie en 1840. Il est probable que depuis lors cette production a notablement augmenté. C'est surtout à partir des premières années de la Restauration, que l'industrie séricicole est entrée dans une voie d'accroissement rapide et continu; ainsi, en 1820, le mûrier n'était cultivé que dans dix-huit départements, parmi lesquels nous citerons le Gard comme le plus important (il produisait près de 3 millions de kilogrammes de soie en cocons), et les Pyrénées-Orientales comme le moins important (il produisait 6,100 kilog. de cocons). Depuis cette époque, le mûrier a été introduit avec des fortunes diverses dans la Côte-d'Or, Seine-et-Oise, les Hautes-Alpes, la Dordogne, le Jura, le Haut-Rhin, le Calvados, la Vienne, le Loiret, le Gers, et enfin la Gironde. Les mêmes documents cités plus haut établissent qu'en vingt ans le nombre des pieds de mûriers s'est élevé de 19,600,000 à 24,800,000, ce qui donne une augmentation de 5,200,000 pieds. Dans ce rapide progrès, la part de la Gironde n'est pas grande, il faut l'avouer. On a même prétendu que la nature du sous-sol de notre département et les vents salés auxquels il est exposé, rendent la culture du mûrier très-difficile, sinon impossible. Cependant, nous n'en avons pas moins à parler de très-beaux produits exposés par des industriels girondins, qui se distinguent par la qualité au défaut de la quantité.

M. André Jean a présenté déjà à plusieurs Expositions les cocons et les soies que nous avons retrouvés au Palais de l'Industrie. Cet exposant est plutôt un esprit inventif à la recherche d'un perfectionnement, qu'un propagateur pratique de l'industrie séricicole ; il a créé une race de vers à laquelle il a donné son nom, et qui est le résultat de croisements multipliés et d'un procédé pour l'élève des vers à soie inventé par lui. Mais ce procédé peut-il être généralisé et la race André Jean peut-elle entrer largement dans le domaine de la reproduction? Là est la question. Nous avons sous les yeux, au moment où nous écrivons ces lignes, un Rapport de la Société d'encouragement pour l'industrie nationale, qui contient des conclusions entièrement favorables au sériciculteur bordelais.

Cette Société, au mois de mai dernier, consentit à entreprendre, sur la proposition de M. André Jean, des expériences par lesquelles il s'engageait à prouver que les produits exposés par lui depuis quinze ans, et universellement admirés, étaient bien le résultat d'un système d'éducation nouveau et entièrement pratique. Le 20 mai, dans un local loué aux frais de la Société, la graine fut montée de la cave et mise en éclosion : 33 jours après, les vers commencèrent à former leurs cocons, et l'apparition des papillons eut lieu le 17 juillet. La ponte de la graine dura de 4 à 7 jours. La période complète de ces diverses phases dura donc 55 jours.

Le caractère et les résultats de l'éducation furent aussi satisfaisants que possible. Un examen minutieux, tant des élèves que de la litière, ne put faire découvrir aucun ver malade; ils arrivèrent à un état de santé et de vigueur très-rares. On constata que le rendement en poids, pour 31 grammes d'œufs et 1,051 kilog. de feuilles consommées, a été de 49k614 de cocons.

Ces résultats frappèrent la Commission de la Société d'encouragement. Le Rapport qu'en fit quelques jours plus tard M. Alcan, montre combien le succès de M. André Jean avait été complet. Nous allons citer le passage le plus concluant, car nous n'oserions de notre propre chef émettre une opinion dans une matière si délicate :

« La question si longtemps douteuse et tant » contreversée, concernant les produits hors » ligne dont nous nous occupons, dit le Rap- » port, vient donc enfin de faire un pas dé- » cisif, grâce à M. et Mme André Jean, et » grâce aussi au concours si puissant que » vous avez bien voulu leur prêter.

» La possibilité d'améliorer les races de » vers à soie, de manière à changer, après » un certain temps, leur constitution et à la » rendre susceptible de résister à la plupart » des causes morbides qui les atteignent d'or- » dinaire, nous paraît également démontrée. » Ce résultat acquiert une valeur considéra- » ble, si l'on fait observer que l'abâtardisse- » ment des races est arrivé à un point tel » en France, que nos producteurs sont obligés » presque tous d'aller chercher de la graine » au dehors. Cette graine, pourtant, est sou- » vent falsifiée et donne des résultats médio- » cres. Malgré ces inconvénients, l'importa- » tion étrangère va toujours en augmentant ;

» elle a été, en 1854, d'après le tableau » officiel des douanes, de 43,513 kilog., qui » représentent à peu près la totalité de la » graine employée en France, et une valeur » moyenne de 9 millions, rendant environ » 100 millions de francs de cocons par an, » qui doubleraient au moins par l'emploi du » procédé de M. et Mme André Jean.

» Si les moyens nouveaux n'étaient aussi » simples daus la pensée et dans l'exécution » qu'ils sont importants dans leurs conséquen- » ces, et s'ils pouvaient être mis à l'abri de la » contrefaçon par un brevet, M. et Mme André » Jean pourraient, par leur exploitation, s'in- » demniser bientôt de leurs longs et pénibles » sacrifices, et recueillir eux-mêmes une part » légitime du service signalé que leur décou- » verte est appelée à rendre. Malheureuse- » ment pour eux, il n'en est rien : le procédé » nouveau échappe à tout contrôle dans son » application (1). »

Faut-il maintenant que nous parlions de la belle qualité des soies grèges exposées par

(1) Rapport fait par M. Alcan, au nom d'une Commission spéciale, sur les procédés de M. et Mme André Jean pour améliorer la race des vers à soie, et obtenir les produits plus particulièrement connus sous le nom de *cocons* et de *soies de la race Bronski*.

M. André Jean et de leur admirable blancheur? L'altération n'a point de prise sur un pareil fil, où la force, le nerf, la souplesse, se marient à la finesse et à l'éclat. En 1851, après une deuxième médaille d'or obtenue à l'Exposition de Londres, la croix de la Légion-d'Honneur fut accordée à M. André Jean pour tant d'efforts si utilement employés à la régénération d'une culture qui fait à la fois la richesse et la gloire de la France.

En même temps que ses soies, M. André Jean avait exposé une charrue mécanique. Le jury, récompensant en lui l'agriculteur et le sériciculteur, lui a décerné une médaille de deuxième classe.

M. Sébastien Roger, de Bruges, est un de ces industriels modestes qui, dans une sphère restreinte, rendent de très-grands services. Sur ce littoral de la Garonne volé par les Flamands à l'Océan, et qu'ils appelèrent Bruges pour rappeler les doux rivages et les doux noms de la patrie, il s'élève aujourd'hui autre chose que des roseaux. La plus luxueuse de toutes les cultures y étale une forêt de mûriers, et M. Roger y a construit, en 1835, une magnanerie dont tous les Bordelais ont vu le modèle à la salle des Quinconces.

Du reste, M. Sébastien Roger ne se borne pas à l'élève des vers à soie; il a compris que, pour progager l'industrie séricicole dans nos contrées, il fallait que le petit producteur trouvât à sa portée et sans grande difficulté à se défaire de ses cocons. Il a donc fondé une filature qui met en œuvre, chaque année, 2,000 kilog. de cocons. Ces deux établissements occupent de vingt à soixante ouvriers, et c'est avec justice qu'on a pu dire de M. Roger que « de tous ceux qui se sont » livrés à l'industrie de la soie dans la Gi- » ronde, il est celui qui lui a donné le plus » grand développement et qui a le mieux » réussi. »

Les soies grèges et filées de M. Roger ont été jugées dignes d'une mention honorable.

Nous avons encore à parler de M. le comte Bromo Bronski, un noble Polonais qui a compris que notre siècle impose aux races aristocratiques les pacifiques conquêtes de l'industrie, comme le moyen âge exigeait de leur bravoure des combats héroïques et du sang versé. Aux pères, les croisades et la chevalerie; aux fils, — s'ils en veulent, — les chemins de fer, la vapeur, la grande culture, les inventions.

M. de Bromo Bronski, réfugié politique sans doute, a su utiliser son exil en s'initiant, chez M. André Jean, aux mystères de la sériciculture. Maintenant, il fait tant d'honneur à son maître, que celui-ci pourrait bien être jaloux des succès qu'il remporte, si les siens propres ne lui suffisaient. C'est tout ce que nous voulons dire sur un débat dont personnne ne nous a institué juge.

En 1849, M. de Bromo Bronski a obtenu une médaille d'or pour la race de vers à soie qui porte son nom. En 1851, il fut décoré pour le même motif; le Jury de l'Exposition universelle de 1855, moins magnifique, s'est borné à lui décerner une mention honorable.

Des soies grèges d'une finesse remarquable sont obtenues par le procédé de croisement du comte Bronski comme par celui de M. André Jean; les échantillons exposés au Palais de l'Industrie ont été admirés. Nous voudrions bien pouvoir prédire un bel avenir à la sériciculture girondine; il ne nous est guère permis que de lui en souhaiter un plus brillant que son passé.

II.

Nous ne croyons pas faire une transition trop brusque en passant de l'industrie de la soie à l'industrie lainière. Nous y trouverons un agréable contraste à établir et des conclusions à tirer tout autres que celles qu'on vient de lire à propos de la sériciculture. Les fabricants de la Gironde, qui manipulent et emploient la laine, ont en effet envoyé au Palais de l'Industrie un contingent aussi distingué que riche et abondant.

Les tapis d'abord. — Autrefois, il fallait beaucoup de fortune et beaucoup de naissance pour se permettre ce confort que la Turquie et la Perse envoyaient à l'Europe. Ayant à décrire une table luxueusement servie, Lafontaine disait :

> Sur un tapis de Turquie
> Le couvert se trouva mis...

Quand la France à son tour voulut, comme pour la soie, les porcelaines, les glaces, se créer une production nationale, il fallut user du privilége. Des artistes consciencieux, les

Gobelins, obtinrent de la royale munificence l'autorisation de fabriquer des tapis français, auprès desquels les tapis turcs et persans n'eurent plus que le mérite piquant de venir de loin. C'est ainsi que Biétry et Ternaux ont plus tard fondé l'industrie des cachemires. Le Thibet est à cette heure sur le boulevard des Italiens.

Avant les Gobelins, des manufactures provinciales s'étaient créées à Aubusson et Felletin, sans doute par l'influence des chevaliers limousins et marchois qui revenaient des croisades orientales. Mais si les conditions du luxe étaient toujours splendidement remplies dans les fabriques aubussonnaises, la solidité et le bon marché leur faisaient quelquefois défaut. Dans les tapis façon Aubusson sortis de la maison Laroque et Jaquemet, ces deux qualités sont surtout remarquables, et contribuent à vulgariser et à populariser ces produits.

Tout le monde le sait à Bordeaux : tandis que quelques membres de cette honorable famille sont arrivés à la chaire épiscopale, après avoir suivi Mgr Affre dans la tentative pacificatrice qui lui fut si fatale, que d'autres se livrent aux féconds travaux de la législation et du génie civil, ceux qui sont restés parmi nous continuent dans les sphères de l'industrie les conquêtes et la mission que leurs pères entreprirent. La fabrique Laroque et Jaquemet est, en effet, la plus ancienne du pays. Depuis 1780, comme Paris, Bordeaux a eu ses Gobelins. C'est graduellement et par des efforts sagement ménagés, que la fabrique Laroque est arrivée au degré de prospérité où nous la voyons. Aujourd'hui, elle emploie trois cents ouvriers, parmi lesquels un grand nombre d'enfants du Pénitencier, et jamais le travail n'y est interrompu. Dans cette manufacture, les laines filées sont exploitées dans de vastes proportions, et à ce travail principal se rattachent les tapis et les couvertures.

MM. Laroque et Jaquemet avaient envoyé au Palais de l'Industrie un assortiment très-complet de laines pour tricots, classées, nuancées et mélangées avec une grande habileté. Venaient ensuite les couvertures et les tapis ras, cotés depuis 500 fr. jusqu'à 900 francs; enfin, le grand tapis aux armes de la ville de Bordeaux, et qui mérite une description spéciale.

Ce « chef-d'œuvre, » comme disaient les maîtrises d'avant 89, a douze mètres de long sur neuf mètres de large. Au centre de ce grand parallélogramme, et dans un sens horizontal à la largeur, est un écusson aux armes de la ville de Bordeaux; — les tours grises, à clochers ardoisés, sur un champ de gueules d'une richesse qui réjouit l'œil; à cet écusson correspondent, sur les quatre côtés du rectangle, des médaillons de même grandeur, dont les sujets emblématiques rappellent la vie maritime et les vignobles. Les industriels bordelais, on le voit, tenaient à marquer, en signes visibles à tous les yeux, l'origine et la provenance de leur œuvre.

De la description de l'ensemble, passons aux détails : c'est d'abord un large encadrement formé de pampres robustes, aux tons bruns, qui s'entrelacent et se nouent sous des rameaux chargés de feuillages. Rien de plus vigoureux, de mieux nuancé, que les masses de verdure qui emplissent et débordent les quatre coins, empruntant à cette belle couleur verte, si féconde en nuances, depuis le sombre des mousses de Bohême jusqu'aux tons éclatants que répand le soleil sur le feuillage cendré des peupliers; puis, dans l'intérieur du cadre, sur des plans divers, et avec des dégradations de lumière d'une habileté et d'une douceur incroyables, convergent vers l'écusson central des fleurs et des fruits, dans un pêle-mêle de couleurs d'un très-harmonieux effet. Par une adroite combinaison, toutes ces magnificences de tons chauds et bruyants sont comme adoucies par les teintes molles et doucement argentées du ciel lointain, qui sert de fond au centre du tapis.

Nous avons essayé, par cette description détaillée, de justifier notre expression de *chef-d'œuvre;* les organisateurs du Palais de l'Industrie jugèrent le tapis bordelais digne d'une place d'honneur, et on l'employa à décorer le grand escalier, en compagnie des glaces de St-Gobain, des lustres de Bacarat, et des plus beaux produits d'Aubusson et de Beauvais. Il y a soutenu victorieusement la comparaison, attestant à tous les connaisseurs qui avaient déjà visité les laines filées, les couvertures et les tapis communs de la maison Laroque, que la recherche du succès purement mercantile par le bon marché n'exclut pas, chez nos industriels bordelais, des préoccupations plus élevées et plus artistiques.

MM. Laroque et Jaquemet ont obtenu une médaille de première classe pour leurs tapis, et une médaille de deuxième classe pour leurs laines filées. Quatre médailles de deuxième classe ont de plus été accordées aux principaux ouvriers de cet établissement, MM. Chatagnon, Verrier, Magnier et Nicolas.

M. Boinot est aussi un de ces manufacturiers qui, par leurs courageuses entreprises, amènent patiemment la décentralisation de l'industrie. Il y a seize ou dix-huit ans, M. Dezeimeris fondait à Floirac, près Bordeaux, la fabrique que M. Boinot dirige depuis trois ans. Le possesseur primitif de cet établissement ne s'occupait que du lavage et du peignage des laines d'après un système mécanique qui est resté la propriété exclusive de l'usine de Floirac. Depuis que M. Boinot exploite cette usine, il l'a complétée et agrandie en y installant des ateliers pour la filature et la teinture des laines; comme chez MM. Laroque et Jaquemet, on fabrique à Floirac les tapis communs et les tapis ras. La situation de l'établissement de M. Boinot, dans la banlieue de la ville, lui permet de se procurer la main-d'œuvre à bon marché, et, de plus, il n'a pas à supporter les charges du séjour à l'intérieur de la cité. Grâce à des améliorations successives, on peut prédire à cette fabrique la prospérité dans l'avenir. M. Boinot avait envoyé des laines filées, un tapis ras de grande dimension; malheureusement, il ne nous est pas possible d'en parler avec tout le détail que nous voudrions. Tendu au-dessus de l'emplacement où étaient situés les pianos, dans l'annexe du Panorama, le tapis de M. Boinot produisait un très-bel effet ; mais il était placé trop haut pour qu'on pût l'examiner attentivement, et le jour, qui l'éclairait par derrière, lui donnait une transparence défavorable. Tous les produits qui sortent de la maison Boinot, laines ou tapis, sont très-estimés dans le commerce.

Le jury de l'Exposition a décerné à cet industriel une médaille de deuxième classe et une mention honorable. En outre, MM. Bigautet Roby, ouvriers de l'usine de Floirac, ont obtenu une médaille de deuxième classe.

Terminons ce chapitre en disant quelques mots des nattes et tapis de M. Lambert. Cet industriel avait eu le malheur de voir son envoi placé sous le hangar de l'agriculture. Ainsi que nous avons eu l'occasion de le dire déjà, qui s'aviserait d'aller chercher des tapis au milieu des charrues et des plans du drainage? Cependant, les produits de M. Lambert étaient dignes assurément d'être examinés Ses nattes, imitées des produits de l'Inde, mettent l'élégance et la fantaisie à la portée des petites bourses. La Société Philomathique lui dônna l'année dernière un encouragement mérité en lui décernant une médaille de bronze. Le jury de l'Exposition Universelle l'a traité mieux encore. Pour ses tapis de jonc indigène et de latanier d'Amérique, pour sa sparterie et ses paillassons, M. Lambert a obtenu une médaille de deuxième classe.

VII.

LA CÉRAMIQUE.

Faïences et porcelaines dures de M. VIEILLARD.— Formes à sucre de M. FOURAGNAN, de Sadirac. — Tuyaux de drainage de MM. CLAMAGÉRAN et ROBERTY.

L'art du potier est le plus ancien des arts; l'antiquité y excellait. Ce que la Grèce et Rome nous ont laissé en ce genre a pu être égalé, mais non surpassé. Quoi de plus gracieux que ces vases connus sous le nom d'étrusques, ces amphores aux formes sveltes ou massives, aux anses légèrement évidées, dont une argile rougeâtre formait la matière! Sur leurs flancs séculaires, nos artistes vont encore étudier la pureté du dessin, l'art difficile de bien draper, et l'élégance des attitudes. Dans des temps plus modernes, Bernard de Palissy, ce grand artiste qui sut élever sa profession à la hauteur des arts plastiques, mêla aux souvenirs de la civilisation ancienne des inspirations nouvelles que la sculpture semblait seule comporter avant lui. On sait quel monde de merveilles ce pauvre potier de l'Angoumois jeta dans de simples moules de terre cuite. Aujourd'hui, les amateurs paient à des prix fous les œuvres sorties de ses mains, et le musée du Louvre a consacré une salle presque entière aux faïences admirables modelées par cet homme de génie.

A cause même de sa suprême élégance, la poterie ancienne fut et devait rester un objet de haut luxe : la gloire de l'art céramique moderne sera d'avoir su créer des produits qui, revêtus des conditions artistiques, peuvent néanmoins être achetés par les bourses modestes.

Mais en attendant que l'invention du kaolin par Villaris, le pharmacien de Bordeaux dont nous avons déjà parlé, vînt opérer cette transformation, un peuple, isolé de tous et placé sur les confins du monde civilisé, trouvait dans son sol la terre de porcelaine. Sans se préoccuper du mérite artistique, l'esprit positif des Chinois inventa des procédés de préparation et de cuisson qui firent d'une substance grossière une chose délicate et distinguée. Pendant de longs siècles, les porcelaines de la Chine et du Japon régnèrent sans partage dans nos palais; enfin, on s'imagina en France qu'on pouvait faire aussi bien et mieux que dans l'empire du milieu. Sèvres donna raison à cette présomption nationale. Mais, en produisant d'aussi belles porcelaines que la fabrique chinoise, la royale manufacture n'en avait nullement généralisé l'usage. Cette substance ne devait devenir populaire que lorsqu'on aurait découvert en plein sol français, au milieu des vallées limousines, le kaolin, qui est en France ce que le petun-zé est en Chine. Désormais, le meuble qui n'était que de quelques-uns, allait se trouver à la portée de tous. Les arts ont leur période d'isolement et d'aristocratie, d'où la marche incessante du progrès vient les arracher. De la découverte de Villaris date, pour la céramique, une époque nouvelle.

L'art du potier est exploité dans la Gironde sur une très-grande échelle; on y compte jusqu'à cinquante-trois établissements de poteries et faïences communes. L'idée de la vulgarisation de la porcelaine nationale, avec tous les perfectionnements du dessin et de la forme, devait être bien accueillie à Bordeaux. Aussi, ce fut à l'applaudissement de tout le monde que M. David Johnston fonda, en 1837, une manufacture de faïences-porcelaines dans l'ancien Moulin de Bacalan. Pour mener à fin cette création, M. Johnston avait de larges capitaux et un esprit d'entreprise remarquable. Son successeur, M. Vieillard, devait en recueillir les fruits.

Ce qu'il faut mentionner en première ligne, dans l'usine de Bacalan, qui fournissait déjà en 1841 un chiffre moyen de 70,000 articles marchands par semaine, c'est l'excellente disposition des ateliers, où les produits s'élaborent depuis l'état brut jusqu'à l'état parfait. D'abord, les terres sont classées dans des espèces d'entrepôts *ad hoc*, suivant leur nature; ensuite, on les livre au triage, puis à l'épuration, enfin au fourneau, qui les solidifie et leur donnera la première façon, la façon élémentaire. De là, ils passent aux mains des mouleurs, des dessinateurs, et, en dernier lieu, des émailleurs, humbles émules de Palissy, qui impriment à l'ébauche le fini et le coup d'ongle.

M. Vieillard a assuré le succès de sa fabrication par un choix habile et sage des matériaux qu'il a tirés de leur confusion primitive. Il extrait exclusivement sa terre de Périgueux, son silex de Bergerac, son kaolin de Bayonne. Le charbon de terre lui vient en partie du Lot-et-Garonne ; il emploie maintenant 800 ouvriers des deux sexes, et arrive à produire par mois 100,000 articles qui trouvent un débouché facile en France, à l'étranger et aux Colonies. On fait, par semaine, deux fournées de porcelaine dure, genre de fabrication ajouté à l'usine de Bacalan depuis 1850. La valeur des ventes, rien que pour cet article, s'élève par mois à 25,000 fr.

C'est en 1839 que la porcelainerie bordelaise se présenta, pour la première fois, aux Expositions nationales. Elle obtint, dès cette époque, la médaille d'argent. Cinq ans plus tard, le jury put constater de grands progrès sur la période précédente. Le rapporteur insista surtout au sujet de la demi-porcelaine, dont la dureté résiste aux chutes et aux chocs violents. Un rappel de médaille d'argent vint confirmer cette appréciation.

En 1845, l'usine de Bacalan comptait de 3 à 400 ouvriers. C'était l'époque même où la liquidation Johnston faisait passer ce magnifique établissement aux mains de M. Vieillard. Sous la direction de cet habile industriel, la porcelaine opaque, la faïence fine, dure, prirent une grande extension. L'exposition de 1849 vint constater de nouvelles améliorations : on put y remarquer surtout la finesse de la fabrication, l'éclat et la délicatesse des impressions coloriées.

Au Palais de l'Industrie, M. Vieillard occupait une large place. Il avait envoyé des spécimens de tous les genres de produits qui s'élaborent dans son usine, depuis les faïences et les porcelaines de ménage jusqu'aux figurines en biscuit. Aux étrangers comme à la France, cette exhibition s'efforçait de prouver que nos produits nationaux n'ont pas à craindre de concurrence sérieuse. Les porcelaines bordelaises, en effet, se vendent au même prix *maximum* que les informes porcelaines blanches si généralement employées. Nos voisins d'outre-Manche, dans leurs essais de ce genre, n'ont pu livrer au commerce qu'une pâte dont la teinte jaunâtre n'a rien de luxueux : *l'ironstone-china* ne dissimule son inélégante physionomie que par des impressions coloriées, souvent de mauvais goût. Quand on a vu ces poteries de Bacalan, si blanches, si finement ouvragées, imprimées avec tant d'art, on reconnaît que l'antique porcelaine est détrônée et reléguée au rang des curiosités coûteuses. Les classes moyennes se trouvent ainsi dotées d'un luxe réservé autrefois à un petit nombre de familles.

Depuis 1850, à la manufacture Vieillard, le coke est employé simultanément avec la houille pour la cuisson, et l'intelligente sollicitude du directeur a obtenu de ce mélange des effets remarquables.

Quelques détails sur les salaires des porcelainiers ne seront pas déplacés ici : la journée des hommes est de 3 fr. 50 c. à 4 fr.; — celle des femmes, de 1 fr. à 1 fr. 50 c.; — celle des enfants, de 50 à 75 centimes. Les 800 personnes employées dans l'usine de Bacalan se subdivisent ainsi : 500 hommes, 150 femmes et 150 enfants. C'est donc une somme de 2,165 fr. que M. Vieillard emploie quotidiennement à payer ses ouvriers.

La plus haute marque de distinction qui puisse être accordée à un industriel, vint, il y a trois ans, honorer le directeur de la Manufacture de porcelaines. En 1852, le Président de la République, accompagné de presque tous les Ministres, visita la faïencerie de Bacalan. On mit en œuvre devant lui les principaux appareils de fabrication, mus par trois machines à vapeur de 75 chevaux. L'illustre visiteur exprima sa satisfaction de la manière la plus flatteuse, et pour récompenser l'habile créateur du petit monde qu'on venait de lui montrer, il lui attacha sur la poitrine, séance tenante, le ruban et la croix de la Légion-d'Honneur.

Le jury de l'Exposition universelle a décerné à M. Vieillard une médaille de première classe.

Nous l'avons dit, les fabriques de poteries communes sont nombreuses dans la Gironde : la plus ancienne est celle de Sadirac. Là, avec l'argile du pays, on fabrique des ustensiles de ménage qui ont gardé les formes en honneur chez nos aïeux gaulois. L'industrie du raffinage est d'ailleurs venue depuis longtemps ouvrir un débouché nouveau aux potiers girondins. Cette industrie consomme d'énormes quantités de formes à sucre en argile, qu'on a vainement essayé de remplacer par des formes en fonte ou en tôle. Sadirac avait envoyé un spécimen de ce genre de produits à l'Exposition, et le nom de M. Fouragnan se rencontre dans le catalogue officiel avec cette désignation : *Formes à sucre en terre cuite*. La fabrique de Sadirac alimente aussi les raffineries de nos Colonies.

L'examen des objets de poteries communes nous ramène à une matière dont nous avons parlé avec quelque extension : le drainage. L'introduction de cette nouveauté agricole dans notre département amenait avec elle la création de fabriques de drains. Aujourd'hui que l'utilité du drainage n'est plus contestée par personne, pour apprécier l'avenir qui l'attend, il est d'abord indispensable de savoir si l'on obtiendra en bonne qualité et à bas prix ces tuyaux que l'on place au fond des tranchées. Toute la question est là : si les drains coûtaient aussi cher que la poterie commune, le drainage serait impraticable. En effet, on ne peut dépenser 50 fr. pour gagner 5 fr. Par bonheur, en même temps que les besoins se faisaient sentir, on inventait des machines qui devaient permettre de les satisfaire. Avec l'une d'entre elles, on peut fabriquer à peu de frais jusqu'à 12,000 tuyaux par jour.

Au nombre des établissements qui se sont fondés pour fournir des drains à l'agriculture de la Gironde, nous devons compter, comme l'un des plus importants, celui que MM. Clamagéran et Roberty ont créé, en 1852, à Lambertie. Ces Messieurs ont envoyé à l'Exposition des spécimens de tuyaux en terre. Ils évaluent à 500,000 drains de toute dimension le chiffre de leur production annuelle, qui deviendra beaucoup plus active lorsqu'ils auront installé une machine à vapeur que MM. Maldant et Ce construisent pour eux en ce moment. Il y a à Lambertie trois fours pour la cuisson, de vastes hangars, et les localités environnantes fournissent des terres d'excellente qualité; de plus, MM. Clamagéron et Roberty entreprennent les opérations de drainage à forfait.

L'exposition des directeurs de l'usine de Lambertie ne se composait pas exclusivement de tuyaux draineurs, et ce serait en négliger la partie capitale que de ne pas mentionner la *machine épuratrice* inventée par eux.

La fabrication des tuyaux propres au drainage a provoqué, disions-nous plus haut, l'invention d'une foule de machines; mais la plus ou moins grande perfection des drains n'est pas la seule chose qui doive préoccuper les agriculteurs. La qualité de la terre employée à leur confection exige le plus soigneux examen. Il arrive, en effet, que ces drains se décomposent en s'imprégnant d'humidité.

Cette détérioration peut être attribuée quelquefois à la cuisson imparfaite, quelquefois aussi à la mauvaise qualité de l'argile.

A l'ouverture de l'Exposition, M. de Bryas soumettait la question à l'Académie des Sciences : « C'est à la chimie, c'est aux éminents » savants dont l'opinion fait loi en pareille » matière, écrivait-il, qu'est réservée la mis- » sion de résoudre le problème. »

Pendant ses longues expériences, M. de Bryas a souvent constaté, lui aussi, que les drains se décomposent au contact de l'humidité, et il attribue cette détérioration à la présence de l'élément calcaire dans l'argile employée. Ces faits établissent donc la nécessité de nettoyer et de travailler la matière première des tuyaux, et jusqu'à présent on a consacré un temps précieux à cette opération. Ainsi, une machine à étirer les tuyaux exige deux tiers de la journée pour épurer les terres qui sont mises en œuvre dans le tiers restant de la journée consacrée à la fabrication des drains. MM. Clamagéran et Roberty ont voulu éviter ces inconvénients et supprimer ces longueurs par l'invention de leur machine.

Leur épurateur est construit sur un plan des plus ingénieux, et n'exige, pour fonctionner, que l'emploi d'une force minime : un homme et deux enfants peuvent sans fatigue la manœuvrer tout un jour. Il a, en outre, l'avantage de marcher avec une rapidité assez grande pour fournir en une heure un demi-mètre cube de terre épurée.

Les expériences faites sur cette machine ont été assez concluantes pour mériter à MM. Clamagéran et Roberty une médaille de deuxième classe. Un de leurs contre-maîtres, M. Prouillac, a obtenu une médaille de première classe.

X.

MEUBLES, DÉCORATION, CARTONNAGES, BIJOUX, CARROSSERIE.

Meubles de MM. Beaufills, Rache et Simonnet, Eugène Delmas, Kissel. — Billards de M. Gaubert. — Panneau sculpté de M. Lagnier. — Autel en marbre de M. Jabouin. — Cadres de M. Ortet. — Cartonnages de luxe de MM. Cerf et Naxara. — Bijoux de MM. Darlay et Latreille. — Voitures de M. Bergeon.

Comme nous l'avons fait pour la soie, les tapis et les porcelaines, avant d'entrer en matière sur les produits de l'ébénisterie bordelaise, nous dirons quelques mots sur l'art des ameublements dans les époques antérieures. Le plus ancien des peuples, les Égyptiens, modelaient artistement le meuble; on en trouve la preuve au Louvre, dans la salle des antiquités d'Égypte. Les Grecs et les Romains taillaient aussi d'admirables petites merveilles en bois de palissandre, d'ébène et de citre, qu'il ne faut pas confondre avec le citronnier. Ceux qui connaissent, par la vue immédiate ou la gravure, les objets trouvés à Herculanum et à Pompéï, savent qu'on n'a jamais depuis poussé à l'exquis et à la recherche avec une plus patiente curiosité. Plus tard, le moyen âge produisit ces magnifiques meubles, ces bahuts dont le Musée de Cluny renferme une si riche collection, et qui sont fouillés avec un art d'autant plus admirable, qu'il est resté anonyme. Les artistes de cette époque sculptaient sans doute avec un grand mécontentement d'eux-mêmes les autels des basiliques, les panneaux des portes, les soutènements des balcons. De toutes ces merveilles, il nous reste de beaux reliefs; mais un stupide vandalisme en a trop détruit.

De nos jours, le simple et l'uni a triomphé pendant quelque temps, mais une réaction générale ne tarda pas à s'opérer, et il y a eu comme une résurrection de l'art sur bois, ce qu'autrefois on eût appelé une renaissance. En effet, on voulut voir renaître tout le monde fantastique qui grouille dans les œuvres des maîtres du moyen âge. On demanda des formes et des contours pour ce qui n'en avait plus depuis longtemps : les styles et les écoles du passé furent recherchées, et l'on s'efforça de multiplier les matières plastiques. L'intérieur, les détails cachés, furent soignés comme on ne daignait pas traiter l'extérieur auparavant.

Lorsque la fureur du moyen âge fut un peu passée, celle du Louis XIV lui succéda. Pour réhabiliter le bois, on le mélangea au bronze. L'écaille fut de nouveau employée, et la marqueterie, science presque oubliée, trouva de nouveaux adeptes. Boule eût des successeurs et des émules. Ensuite on essaya du Louis XV en cumulant les deux genres. La manière, les formes contournées vinrent tourmenter le bois de rose. La coquetterie de ce genre rococo a aujourd'hui encore beaucoup de partisans, non pas seulement chez les vieilles marquises, mais aussi chez les jeunes femmes, chez les gens d'affaires. Le Louis XVI fut recherché à son tour : il était écrit qu'on descendrait toute la chronologie. Ce dernier genre, avec ses montages d'étoffes de Beauvais et de Lyon, ne réussit pas longtemps.

Aujourd'hui, au milieu de toutes ces reproductions du passé, l'art s'agite sans unité, sans fixité, d'imitations en imitations; cependant, on commence à voir poindre un genre vrai et artistique, qui marie la richesse au goût et les ornements à la simplicité, ou, pour mieux parler, à l'unité : l'ébénisterie moderne acquiert enfin un caractère propre : nous sommes heureux de pouvoir dire que dans cette conquête les ateliers bordelais auront eu une belle part, la bibliothèque de M. Beaufils est là pour le prouver.

Ce meuble, fait pour loger les livres d'un empereur ou d'un roi tout au moins, a cinq mètres de hauteur sur six de largeur. Sur un socle à moulures s'ouvrent quatre panneaux dont le centre est occupé par des bas-reliefs représentant les génies de l'Agriculture, des Arts, des Sciences et de l'Industrie. Des trophées d'outils, d'instruments et d'attributs, correspondant au sujet de chacun des bas-reliefs, appendent à quatre pilastres qui font saillie entre les panneaux. Une frise à tiroirs mouvants, et chargée de sculptures, surmonte les panneaux et complète ainsi le soubassement de ce petit édifice, — car c'est véritablement un édifice taillé dans ce riche bois de noyer que produisent nos provinces méridionales, et que l'acajou des Iles ne détrônera jamais auprès des gens de goût.

La partie supérieure se compose de deux portes à glaces et à moulures, couronnées d'un entablement aux armes de la ville de Bordeaux. Au-dessus plane un aigle les ailes déployées. Au milieu d'un merveilleux amas de fleurs et de fruits se jouent deux petits génies.

Sur le devant de la bibliothèque sont les statues de l'Europe, de l'Asie, de l'Afrique et de l'Amérique. Les corniches du milieu supportent quatre enfants : l'un, enveloppé de guirlandes de fleurs, c'est le printemps ; l'autre, armé d'une faucille et appuyé sur une gerbe fraîchement coupée, c'est l'été ; l'autre, ployant sous le poids des fruits et des grappes mûres, c'est l'automne; et l'autre, enfin, abrité sous un épais manteau et avançant ses mains tremblantes vers la flamme d'un brasier, c'est l'hiver. Deux consoles, autour desquelles courent des rameaux de chêne et de laurier, arcboutent le corps de la bibliothèque. Chacune d'elles supporte une statue de femme assise : celle de gauche est voilée, et l'illusion est complète tant le bois imite la forme de la gaze appliquée sur le visage. Tout cela est d'une grande perfection de dessin et d'une grande délicatesse d'exécution. Il faut avoir vu de près et étudié longtemps ce superbe meuble pour comprendre toutes les difficultés que l'artiste a dû surmonter. C'est avec intention que nous nous servons de ce mot *artiste*, car M. Beaufils semble avoir admirablement compris que nos industries nationales ne peuvent l'emporter sur celles de l'étranger qu'en appelant à leur aide la supériorité de goût et d'invention de nos artistes. Voici du reste l'histoire de la fabrique de M. Beaufils ; elle vaut la peine d'être racontée.

Cet industriel arrivait des bois du Morvan en 1830, simple compagnon charron ; il allait démontrer une fois de plus que l'esprit d'entreprise peut créer avec le néant. A cette date, de rares artisans, une centaine tout au plus, pratiquaient l'ébénisterie à Bordeaux, quelques-uns néanmoins, il ne faut pas oublier de le dire, avec une rare distinction. Mais la fabrique bordelaise n'avait pas d'importance, puisque les habitants faisaient venir à grands frais leurs meubles de Paris ; les maisons allemandes des Chartrons les tiraient de Hambourg. Inutile d'ajouter que l'exportation était nulle. Pour le peu de meubles que produisaient les fabricants bordelais, ils achetaient au Havre leurs bois exotiques et à Paris leurs placages. Cependant, alors comme aujourd'hui, Bordeaux aimait le luxe et le comfort. C'est la gloire de M. Beaufils d'avoir compris toutes les ressources que présentait cette ville, qui, en sa qualité de port maritime, pouvait recevoir directement les matières premières, et directement aussi exporter les objets fabriqués.

Esprit inventif et plein d'activité, M. Beaufils dépassa bientôt tous ses confrères. Après avoir d'abord établi la réputation de ses produits dans l'ébénisterie courante, il se lança dans les ouvrages de luxe. Bon dessinateur lui-même, il fit venir des artistes de Paris et de Bruxelles. Il monta des creusets pour fabriquer les cuivres de ses incrustations, il établit des moules pour se fournir de médaillons en porcelaine ; il organisa dans ses ateliers le travail du marbre et le coloriage des bois. Il inventa une machine pour découper les incrustations ; un système pour mettre les meubles envoyés outre-mer à l'abri des déformations et des fissures. Enfin, en 1848, au moment où les débouchés manquaient à l'intérieur, il songea à organiser l'exportation des meubles français dans les Amériques.

La chose n'avait été tentée jusqu'à ce

moment qu'avec une grande timidité. M. Beaufils procéda prudemment, graduellement, sans folle précipitation. Un premier capitaine, en échange d'un chargement de meubles, lui rapporta des bois bruts; un second lui rapporta de l'argent. Le succès alla grandissant, et aujourd'hui, à Cayenne, aux Antilles, à Mexico, au Brésil, à Montevideo, au Pérou et au Chili, on n'emploie plus que des meubles de fabrication bordelaise ; la Californie et l'Australie en font aussi une grande consommation.

Telle a été l'œuvre de M. Beaufils; les résultats peuvent se chiffrer; le petit atelier de l'ouvrier charron est maintenant une fabrique qui emploie trois ou quatre cents personnes, — qui fait pour un million d'affaires par an; — qui se compose de dix-neuf ateliers distincts où l'on confectionne les bois, les cuivres, les bronzes, les marbres, les porcelaines, les vernis, où l'on dessine et où l'on sculpte.

Nous croyons devoir insister particulièrement sur le commerce d'exportation créé par l'industriel bordelais, et sur le rôle imitateur de notre ville en cette circonstance. En effet, le mouvement dont il donna l'exemple fut suivi par Paris, qui actuellement exporte en une seule année plus de meubles qu'autrefois en vingt. Avec notre population si intelligente, avec les ressources infinies de notre situation, combien d'autres branches d'industrie dans lesquelles nous pourrions prendre aussi le premier rang ! C'est surtout a titre d'enseignement que l'histoire de la fabrique Beaufils était utile à raconter. En outre, il faut l'avouer, rien ne nous touche plus que cette marche patiente, courageuse, du compagnon du tour de France, allant de la pauvreté à l'aisance, de l'aisance à la richesse; ouvrier hier, aujourd'hui patron, demain grand industriel, et dotant sa patrie d'une nouvelle source de bénéfices. Au prix de quels soucis, de quels labeurs ! On ne connaît que les résultats, et ils sont magnifiques; mais sait-on combien de fois l'intrépide ébéniste a vu la faillite ou le naufrage l'entraver dans son œuvre, et le fantôme du protêt menacer sa fortune naissante ! Franchement, ce voyage d'un homme de travail et d'intelligence, à travers les abîmes et les écueils dont est semée la mer industrielle, m'intéresse davantage que les aventures du prudent Ulysse ou du pieux Énée ; et puis, n'est-ce pas un magnifique encouragement pour l'homme pauvre et intelligent que cette vie d'un ouvrier arrivé au maréchalat de son art.

L'Exposition de 1855 a valu à M. Beaufils une médaille d'honneur, et quatre ouvriers de sa fabrique ont été récompensés par le jury : M. Chauvin, par une médaille de deuxième classe, MM. Albertella, Bove et Chalumeau par des mentions honorables.

L'ébénisterie bordelaise avait d'autres représentants que M. Beaufils au Palais de l'Industrie : MM. Rache et Simonnet avaient envoyé une bibliothèque de noyer sculpté, remarquable par sa simplicité élégante. Evidemment, ces messieurs n'avaient pas recherché un succès de luxe et de richesse ; ils avaient voulu faire un meuble sérieux, propre à être placé dans le cabinet d'un directeur d'établissement religieux ou dans la salle de réception d'une communauté ecclésiastique. Nous devons particulièrement louer les statuettes des quatre évangélistes, placées, deux sur la corniche qui surmonte la partie inférieure de la bibliothèque, deux sur la partie supérieure. Ce meuble, conçu dans un autre style que l'œuvre de M. Beaufils, se recommandait par des qualités fort remarquables d'exécution et de sage magnificence.

Non loin de là, se trouvait un meuble en palissandre et en citronnier sorti des ateliers de M. Eugène Delmas. Les panneaux des portes qui fermaient le compartiment supérieur étaient ornées de glaces. Ce meuble, qui, si je ne me trompe, est connu en ébénisterie sous le nom bizarre de *bonheur du jour,* tenait très-honorablement sa place au milieu des produits de l'ébénisterie parisienne.

A d'autres titres que les produits précédents, le lit de M. Kissel a été très-remarqué. Il est établi d'après un système vraiment ingénieux et qui a attiré l'attention des savants et des praticiens. On nous a raconté que M. de Rotschild s'était arrêté à plusieurs reprises devant l'exposition Kissel, et qu'il avait commandé plusieurs de ces couches mécaniques pour les installer dans son hôpital. Avec son invention, M. Kissel a trouvé le moyen de changer les malades de place et de les faire passer d'un lit dans un autre en évitant toute secousse douloureuse même pour ceux qui ont subi les plus pénibles opérations. Le jury a accordé à M. Kissel une mention honorable.

La fabrication des billards a pris dans la

Gironde une grande extension, qu'elle doit, comme les autres produits de l'industrie ébéniste, au commerce d'exportation. M. Gaubert, de La Réole, qui travaille spécialement pour les pays d'outre-mer, et dont les produits sont très-estimés dans les Colonies, avait envoyé un très-beau billard qui indique un travailleur plein d'habileté et de goût. M. Gaubert a eu la louable pensée de faire don de son billard à la commission du Palais de l'Industrie, afin qu'il fût vendu au profit des veuves et des orphelins de nos soldats morts en Crimée. On sait que le prince Napoléon a trouvé l'occasion de complimenter M. Gaubert de son inspiration charitable et patriotique. Le jury a accordé à cet industriel une mention honorable.

M. Lagnier avait envoyé un panneau en bois sculpté qui eût tout aussi bien trouvé sa place au Palais des Beaux-Arts : adroit ciseleur, M. Lagnier se joue avec la matière. Nous regrettons de n'avoir pas d'autres renseignements à fournir sur cet ouvrier-artiste. Le panneau de l'Exposition est le seul travail que nous connaissions de lui. Ce panneau sculpté de M. Lagnier a valu à son auteur une médaille de deuxième classe.

M. Jabouin aîné, marbrier-sculpteur à Bordeaux, s'est créé, au milieu de ses autres occupations, une spécialité pour les travaux d'église, style du moyen-âge, et leur a donné une extension telle, qu'il fournit d'objets de ce genre une partie de la France, et, chose remarquable, principalement les environs de Paris. M. Jabouin se pique, avec raison d'ailleurs, de connaissances archéologiques très-sérieuses; il reconnaît pour ses maîtres MM. Viollet-Leduc, Lassus et Bœswilwald; il suit les principes posés par MM. de Caumont et Didron, de Paris, par M. G. de Castelnau, de Bordeaux; enfin, il recherche les conseils de plusieurs de nos architectes bordelais, parmi lesquels nous nous plaisons à nommer M. Labbé, récemment choisi par M. le Préfet de la Gironde pour remplir la place d'architecte départemental. Les publications, les dessins, et aussi les avis de ces éminents artistes, sont la source où M. Jabouin, bon dessinateur lui-même du reste, va puiser ses inspirations. L'autel envoyé par lui au Palais de l'industrie, et que nous avons revu récemment dans ses ateliers, est une œuvre remarquable à plus d'un titre; il justifie les consciencieuses prétentions de M. Jabouin à l'exactitude et à la vérité du style; il atteste aussi une heureuse tentative vers la restauration de l'ornementation religieuse de nos vieilles basiliques. Mgr le Cardinal Donnet a imprimé un essor remarquable à la réaction éclairée qui s'opère depuis quelques années contre le mauvais goût, la fausse science et le peu d'harmonie des accessoires.

L'autel de M. Jabouin est conçu dans le style du XIIIe siècle, la période de perfection de l'architecture au moyen-âge. La table repose sur un massif plein dont la paroi étale un bas-relief représentant la *Dormition de la Vierge*. A côté de la Mère du Christ, on voit les quatre évangélistes dans des attitudes diverses. Ces figures ont bien le caractère ascétique et religieux de l'époque; les draperies sont entendues avec cette correction sévère et un peu raide qui convenait au style et au sujet. La Vierge morte est d'un bel effet : est-elle morte? On sait que les théologiens, ne voulant pas reconnaître que la mort ait pu toucher à la Mère de Dieu, et néanmoins ayant à désigner le momeut pendant lequel elle passa de la vie humaine à la vie éternelle, ont trouvé cette formule : *Sanctæ Virginis Dormitio*. Deux colonnes d'angles encadrent la table que nous venons de décrire, et mettent en saillie les détails du bas-relief. Un tabernacle, simplement et richement sculpté à la fois, représente l'idée symbolique de la Jérusalem céleste. Tout ce beau travail est en marbre de Carrare; il a mérité à M. Jabouin une médaille de deuxième classe. Deux de ses contre-maîtres, MM. Belloc et Ratton, ont obtenu aussi une mention honorable, distinction bien méritée, car ces ouvriers-artistes réussissent à élever parfois la sculpture ornementale et architectonique à la hauteur de la sculpture artistique.

Il y a plusieurs années que M. Ortet a inventé une composition en mastic animal avec laquelle il fabrique des cadres et des moulures de toute espèce. Aujourd'hui, l'invention de M. Ortet trouve des débouchés nombreux et a pris une importance réelle: les cadres exposés par lui sont très-propres à donner une bonne idée de cette invention.

Une frêle industrie que MM. Cerf et Naxara ont transformée depuis 1820 en un art charmant, c'est le cartonnage. Sous les mains habiles de ces fabricants, l'on a pu en voir la preuve éblouissante au Palais des Champs-Élysées, le papier et le carton revêtent des formes et des couleurs infiniment variées, reproduisent les sujets les plus divers de la peinture, et les vulgarisent encore plus que la gravure. Sur une valeur de six à sept cents mille francs de cartonnages expédiés annuellement de Bordeaux, la maison Cerf et Naxara absorbe une large part. Elle exporte dans toutes les contrées du globe ces petites merveilles de finesse et de grâce devenues indispensables à une époque où l'on veut voir empreindre d'un caractère de soin et d'élégance les choses même les plus futiles. MM. Cerf et Naxara ont été récompensés par une médaille de deuxième classe. Deux de leurs ouvriers, MM. Arnaud Gibert et Louis Visser, ont été honorés de la même distinction ; un troisième, M. Pagès, a obtenu une mention honorable.

Le goût du luxe dans les objets de toilette est très-prononcé à Bordeaux ; aussi, les bijoutiers, les joailliers, les orfèvres, s'y rencontrent en grand nombre; mais tous ne sont guère que des entrepositaires des produits de l'industrie parisienne. Il existe cependant dans notre ville une maison, celle de MM. Darlay et Latreille, où l'on fabrique des bijoux en quantité assez grande pour occuper vingt ouvriers. A propos de l'ébénisterie, nous avons parlé de l'engouement qui avait saisi la mode pour tous les styles du temps passé : la bijouterie, elle aussi, a quelque peu subi cette influence, et la maison Darlay et Latreille peut se vanter d'y avoir beaucoup contribué. Il y a à peine quelques années, pour trouver des bijoux dans le goût Louis XV, il eût fallu fouiller l'écrin des aïeules et les vitrines des marchands de bric-à-brac. Aujourd'hui, ils sont rentrés dans l'usage, ou pour mieux dire dans la mode. On doit cette charmante exhumation à MM. Darlay et Latreille. C'était sans doute une idée hardie, pour des bijoutiers de province, que de se faire les restaurateurs d'un genre oublié, et il est probable que dans cette entreprise ils ont rencontré des difficultés nombreuses. Pour renouveler le style Louis XV avec le contourné, le watteau de ses figurines et de ses ornementations, n'a-t-il pas fallu créer des ouvriers qui ne se trouvaient pas à Bordeaux, car dans ces bijoux tout est ciselé et fait à la main. Mais enfin, les obstacles ont été vaincus, et au bout de la lutte s'est rencontré le succès, qui fait oublier les déboires du début. A l'heure qu'il est, MM. Darlay et Latreille suffisent à peine aux commandes qui leur sont faites.

Au Palais de l'Exposition, ces industriels avaient envoyé des bijoux exclusivement exécutés dans le genre Louis XV : un diadème, un beau bracelet, une broche assortie, une chaîne régence, des breloques, des boutons, des épingles de châles, etc., tous objets qui figuraient très-honorablement au milieu des produits de la bijouterie parisienne. Nous pouvons même dire qu'ils ont obtenu un véritable succès de nouveauté, facile à comprendre d'ailleurs, puisque MM. Darlay et Latreille ont seuls jusqu'à présent fabriqué des bijoux Louis XV. Aussi, leur exhibition tranchait sur celles de leurs confrères avec une originalité très-remarquée.

Tous les produits dont il a été question dans ce chapitre s'adressent, on a pu le remarquer, à la consommation du luxe. C'est le seul point commun qui existe entre eux et ceux dont il nous reste à parler. Il y a longtemps que la réputation de la carrosserie bordelaise est établie : l'envoi de M. Bergeon, qui la représentait à l'Exposition universelle, n'a pu que l'étendre et la consolider encore. Il consistait en une calèche, une américaine et quelques objets de sellerie.

L'américaine, frêle et gracieuse, offrait une

particularité digne de remarque : pour la fabriquer, M. Bergeon a substitué le bois des landes aux bois exotiques habituellement employés : c'est une innovation heureuse et qui sans doute portera ses fruits. La calèche, montée sur huit ressorts, modestement doublée de velours vert, avait fort à faire pour attirer l'attention à côté des carrosses dorés, sculptés et historiés de la fabrique belge et parisienne ; mais les connaisseurs savaient bien en reconnaître l'élégante solidité : la calèche de M. Bergeon peut être présentée comme un modèle de simplicité riche et confortable.

L'établissement que dirige cet industriel date de 1817 ; il occupe le premier rang à Bordeaux, et fournit beaucoup à l'exportation. Le jury de l'Exposition a accordé à M. Bergeon une médaille de deuxième classe.

XI.

OBJETS DE TOILETTE, GALERIE A BON MARCHÉ.

Chapellerie : MM. Besson, Vincendon, Poumaroux et Ce et Cloès.

Confection en vêtements : M. Bloc.

Lingerie : MM. Silliman et Chaine frères.

Objets de fantaisie : Institution des Sourds-Muets.

GALERIE A BON MARCHÉ : MM. Bloc et Silliman, Malineau, Rodel, Louit frères, Dufour et Ce, Colomès et Andure, Trénis, Foussat, Cabannes et Roland.

I.

La fabrication des chapeaux à Bordeaux date de la fin du dernier siècle, et la maison que dirige l'un des exposants dont nous allons nous occuper, M. Besson, a été fondée en 1779. Aussi, parmi les industries acclimatées dans le département de la Gironde, la chapellerie est très-importante et très-répandue. Nos fabricants de chapeaux alimentent de cet article, non-seulement les colonies et les deux Amériques, celle du Sud principalement, mais encore ils envoient leur produits à Paris et dans la plupart des départements de l'ouest. Tous les chapeaux qui s'expédient de Nantes sortent des fabriques bordelaises.

Ce n'est pas la première fois que MM. Besson frères abordaient une grande exposition; déjà, celle de 1849 leur avait valu une médaille d'argent, la première qu'ait reçu la chapellerie française. Une étroite vitrine avait été accordée à ces industriels, et ils la partageaient avec M. Vincendon, dont la fabrique a déjà plus de quarante ans d'existence. Les chapeaux souples de feutre et de castor et les chapeaux de soie envoyés par ces deux maisons ont valu à l'une et à l'autre une médaille de deuxième classe. « Si les » produits de la chapellerie bordelaise, dit » le dernier Rapport de la Société Philomathique, sont de bonne qualité, ils laissent » encore à désirer sous le rapport du bon » goût et de l'élégance des formes C'est là » un progrès qu'elle aura sans doute à cœur » de réaliser. »

Nous croyons qu'après l'examen de la vitrine de M. Besson et de M. Vincendon, à l'Exposition Universelle, on peut affirmer que notre chapellerie locale a, en effet, réalisé les souhaits formés à son sujet. Ses produits, placés près de ceux des fabricants anglais, soutenaient fort bien la comparaison. Dans cette même vitrine, les curieux remarquaient beaucoup un portefeuille propre à contenir tout ce qui trouve place d'habitude dans les objets de ce genre, et de plus un chapeau souple plié en claque. Ce portefeuille, d'après l'étiquette, ne pesait que cinquante grammes. C'est un de ces produits dont la bizarrerie occupe plus l'attention des promeneurs que les objets plus utiles et plus sérieux.

M. Poumaroux, encore un nom bien connu dans la chapellerie bordelaise, avait aussi envoyé des spécimens de sa fabrication. Ces industriels ont tous trois été récompensés : les deux premiers par une médaille de deuxième classe, le dernier par une mention honorable.

Nous ne devons pas oublier les chapeaux pour femmes de M. Cloès, fabriqués en paille du pays. C'est la première fois qu'on s'avise d'employer cette paille à un semblable usage, et à notre avis, l'exemple donné par le fabricant bordelais est bon à suivre, car ces chapeaux nous ont semblé aussi élégants et aussi délicats que ceux fabriqués en paille d'Italie.

La confection en vêtements est aussi naturalisée à Bordeaux, mais elle a une date de fondation bien plus récente que la chapellerie. Cependant, elle n'en a pas moins pris déjà une extension considérable. C'est M. Théodore Bloc qui représente cette industrie à l'Exposition Universelle. L'établissement de confection de M. Bloc est très-important. Fondé en 1842, à une époque où il n'existait à Bordeaux aucune maison de confection, les exportateurs qui, jusque-là, avaient dû faire leurs achats à Paris, en furent les premiers clients. Aujourd'hui, les affaires de la maison Bloc, pour le détail et l'exportation, s'élèvent à un chiffre considérable et fournissent du travail à 300 ouvriers.

Les objets exposés par M. Bloc consistaient surtout en vêtements cotés à des prix très-modiques et néanmoins d'une très-bonne fabrication. Il est bien difficile d'exprimer une opinion sur les produits de cette espèce. Le bon marché en est le premier mérite ; aussi, les retrouverons-nous plus loin dans la galerie économique.

En dehors des travaux ordinaires de la confection, la vitrine de M. Bloc contenait une splendide robe de chambre brodée d'or aux armes impériales et parsemée d'abeilles. A côté de ce vêtement de montre, trop riche pour être jamais porté par personne, était un très-beau burnous algérien, illustré d'or aussi, et qui, pour la richesse, pouvait lutter avec l'exhibition de la Turquie ou de l'Indo-Chine. Ces objets ont mérité à M. Bloc une mention honorable.

De même que le précédent exposant a établi à Bordeaux la confection des vêtements, M. Silliman peut être considéré comme l'un des principaux créateurs de la confection des chemises. Cette industrie paraît destinée à prendre une grande extension, et il faut s'en féliciter, car non-seulement elle contribue à exporter nos tissus de coton à l'étranger, mais encore elle emploie une grande quantité d'ouvrières, qui s'occupent de couture dans les intervalles de temps que leur laissent les soins du ménage, et elle fournit du travail aux lisseuses, aux cartonniers, aux layetiers, etc. Les produits de Bordeaux en ce genre sont généralement bien confectionnés; aussi, occupent-ils aujourd'hui une place importante dans nos expéditions d'outre-mer. Nous rencontrerons de nouveau M. Silliman parmi les exposants de l'annexe à bon marché.

MM. Chaîne, qui viennent après M. Silliman, avaient exposé de jolies chemises dont on a beaucoup remarqué l'élégance. Cette maison, dont l'existence est déjà ancienne, jouit d'une bonne renommée et travaille aussi pour l'exportation.

L'Institution des Sourds-Muets de Bordeaux avait envoyé à Paris toute une collection d'objets fabriqués par ses pensionnaires : vêtements, petits meubles, objets de luxe populaire, etc. Nous n'avons pas vu nous-même cette intéressante exhibition, arrivée trop tard au Palais de l'Industrie; nous nous bornerons donc à dire que les produits des Sourds-Muets ont été récompensés par une mention honorable.

Nous ne quitterons pas ce sujet des produits destinés aux vêtements de l'homme, sans manifester nos regrets d'une lacune que nous avons remarquée au grand Palais de l'Industrie, mais plus encore à la galerie économique : nous voulons parler de l'abstention des cordonniers bordelais. La supériorité des cuirs de la Gironde a naturellement engendré chez nous la supériorité de l'industrie qui met en œuvre ces matières premières. La cordonnerie bordelaise est bien connue pour la solidité, l'élégance et le bon goût de ses produits; il est donc fâcheux qu'aucun de nos fabricants n'ait eu l'idée de se faire représenter à l'Exposition. A un autre point de vue, celui du bon marché, cette abstention est plus regrettable encore.

En effet, depuis quelques années, il s'est fondé dans notre ville des établissements qui travaillent à la fois pour l'intérieur et pour l'exportation, et qui, grâce à la mise en pratique de certaines inventions nouvelles, peuvent livrer leurs produits à des prix extraordinairement modiques. A l'appui de cette assertion, nous allons dire quelques mots d'une fabrique de chaussures qui a été fondée, il y a trois ans, rue du Chapelet, près l'église Saint-Dominique, par MM. Doré et Ce. Dans cette fabrique, on se sert, pour la préparation de semelles, talons, empeignes, etc., de procédés mécaniques qui produisent une notable économie de temps. Les chaussures y sont cousues avec des clous en cuivre, d'après le système connu sous le nom de *corioclave*. Une paire de souliers, qui, fabriquée par l'ancienne méthode, exigeait de la part de l'ouvrier un travail de quatorze heures, est aujourd'hui achevée et prête à livrer en quatre heures de temps. A ce premier bénéfice s'ajoutent encore les économies réalisées par la régularité des coupes, qui ne laisse aucun lambeau de cuir inemployé. Aussi, les chaussures corioclaves peuvent-elles être vendues aux consommateurs avec une diminution de trois francs sur dix francs.

Nous avons voulu nous enquérir du salaire que recevaient les ouvriers de la fabrique Doré : ils font en moyenne des journées de trois francs. Ceux qui travaillent dans des ateliers où l'on pratique encore l'ancien système ne gagnent guère que deux francs par jour. Ici, le bon marché n'est donc pas le résultat de l'abaissement des salaires.

On va voir, par les chiffres qui suivent, avec quelle étonnante rapidité la maison Doré a étendu ses affaires. La première année, elle atteignait la somme de 180,000 fr.; la troisième année, celle qui vient de s'écouler, cette somme a plus que quadruplé : elle est de 778,000 fr., qui se décomposent ainsi :

Produits écoulés dans la Gironde et les départements circonvoisins............	269,500 fr.
Produits exportés...............	76,000
Commandes de l'État........................	432,500

Cette fabrique occupe 275 ouvriers.

On n'aura pas lu sans plaisir, nous l'espérons, cet état de situation qui met en relief les ressources offertes dans notre ville aux entreprises bien combinées. N'est-il pas aussi une excellente réponse à ces phrases banales qu'on entend partout et qui consistent à dire que Bordeaux ne peut alimenter que les seules industries qui s'adressent au faste et au luxe. Si la maison Doré et Ce avait envoyé des spécimens de sa fabrication au palais des Champs-Élysées, elle en eut rapporté quelque honorable récompense. Cette digression nous amène naturellement à la seconde partie du présent chapitre, qui a pour objet la description de la galerie économique.

II.

LA GALERIE A BON MARCHÉ.

Après avoir examiné les diverses parties

de l'Exposition où l'industrie de la Gironde se trouve représentée, il nous reste à jeter un dernier coup-d'œil sur la Galerie économique : nous aurons la satisfaction d'y rencontrer des produits bordelais, qui sont comme une nouvelle réponse à ceux qui accusent notre ville de ne comprendre que les arts du luxe et les industries du superflu. Faisons d'abord en quelques mots l'historique de la Galerie à bon marché.

L'idée première en fut conçue par un anglais, M. Twining, qui ne put réussir à la faire adopter à Londres pendant l'Exposition de 1851. Il ne se découragea pas, et lorsque s'ouvrit l'Exposition de Paris, il présenta à l'Empereur un Mémoire sur son projet : l'Empereur l'approuva et en ordonna la mise en pratique. Dans cette occasion, la France et l'Angleterre semblent avoir échangé leurs rôles traditionnels : l'une de créatrice d'idées et d'inventions, l'autre de réalisatrice.

Cependant, malgré le puissant patronage qui le couvrait, le projet de M. Twining rencontra d'incroyables résistances : on sait que, malgré des invitations réitérées, il n'a pas été possible d'obtenir des fabricants admis à la grande Exposition l'indication du prix de revient des objets exposés par eux. La principale raison alléguée pour justifier ces répugnances consistait dans la situation qu'une pareille publicité allait créer aux commerçants dépositaires ou intermédiaires. Le consommateur, disait-on, ne pourra consentir à payer 5 fr. dans une boutique ce qu'il aura vu coté à 3 fr. 50 au Palais de l'Industrie. — Ces mêmes motifs ont été sur le point de faire échouer la Galerie économique : l'indication exacte du prix net était, en effet, la condition rigoureusement indispensable d'une exposition a bon marché. Tout ce qu'il a fallu aux organisateurs de cette entreprise, d'habileté, de patience, de persévérance, pour vaincre cet obstacle, est impossible à exprimer. Ils ne l'ont d'ailleurs surmonté que partiellement; aussi la Galerie économique est très-incomplète et abonde en lacunes. Néanmoins, le premier pas est fait; le mystère obstiné dont les commerçants enveloppent leurs relations avec les fabricants a été dévoilé sur quelques points : la brèche est donc ouverte, il ne reste plus qu'à l'élargir. Il faut dire que les producteurs anglais se sont montrés les plus récalcitrants. Parmi les pays qui ont fourni des objets remarquables par leur bas prix, la Suisse, l'Autriche et la France sont en première ligne, et au milieu des produits français, les envois bordelais, répétons-le, tiennent une place importante.

Considérée dans son but social, l'industrie n'a pas pour mission d'alimenter de joujoux et de colifichets la vanité et le luxe : son objet le plus général est l'application des progrès de la science au bien-être des sociétés, à l'amélioration de la vie populaire. Vue de cette hauteur, la question du bon marché domine toute l'économie sociale, dont le principal problème peut se formuler ainsi : Créer des objets d'usage quotidien, s'adressant à la consommation du plus grand nombre, au plus bas prix et de la meilleure qualité possibles. En d'autres termes, la tendance de l'industrie est de réduire incessamment les frais de production, afin que les masses puissent être admises à jouir de tout ce que produit l'activité humaine. La Galerie économique est le premier effort direct tenté pour la réalisation pratique de ce grand but. Elle ne résout pas le problème, mais elle fournit une première collection de faits propres à en amener la solution.

La notion que renferme ce mot *bon marché*, a besoin d'être précisée, car en l'interprêtant dans un certain sens, on peut en tirer les conséquences les plus funestes. N'est-ce pas sous cette enseigne du bon marché que s'abritent toutes les tromperies , toutes les mystifications du commerce de m auvaise foi? Un objet à très-bas prix est souvent fort cher, les ménagères le savent bien. Un objet n'est à bon marché que s'il contient une valeur d'utilité relativement supérieure au prix minime sous lequel il est coté. Le véritable bon marché n'exclut ni la commodité, ni la solidité, ni même l'élégance : au contraire, il comporte tous ces avantages. Ici se présente la question d'origine, que nous ne nous chargeons pas de trancher, car elle relève des plus difficiles problèmes de la moderne société industrielle : comment s'obtient le bon marché?

Il est évident que les fabricants qui ne l'atteignent que par la diminution des salaires de l'ouvrier, font tomber le problème industriel dans un cercle vicieux. Les ouvriers forment la principale masse des consommateurs ; à quoi bon alors baisser le prix des objets, si les ressources de ceux qui doivent les acheter suivent la même pente et diminuent dans la même proportion. Mais nous n'insisterons pas plus longtemps sur ce point délicat ; si nous l'avons indiqué en passant, c'est pour montrer la gravité et l'importance des sujets qui se rattachent à l'exposition économique.

Dans un autre ordre d'idées, l'annexe à bon marché sera la matière d'études du plus grand intérêt, car, plus clairement peut-être que la masse de l'Exposition, elle met en saillie les questions d'économie politique, de douanes, de liberté des échanges. Choisissons un fait entre plusieurs. La fabrique autrichienne a exposé des draps très-forts, très-chauds, très-souples à 5 fr. 50 le mètre. Nos drapiers français ont nié la réalité du prix. Le commissaire autrichien a répondu en offrant de fournir des milliers de pièces de ce même drap et au même prix, si on voulait l'exempter du tarif qui pèse sur les tissus de laine. Or, les drapiers français, personne ne l'ignore, sont plus habiles que tous leurs concurrents d'Europe, mais ils sont obligés de prendre presque toutes leurs laines en Allemagne, et ces laines sont frappées à la frontière d'un droit de 22 p. 100. Si donc nous voulons que nos ouvriers soient vêtus chaudement, élégamment et à bas prix, il faut réviser le tarif des douanes dans le sens de la liberté.

Et ce que, d'après un seul exemple,

nous disons des matières vestiaires, peut se dire des matières alimentaires et oléagineuses : ainsi, les envois des diverses colonies prouvent qu'il serait possible d'avoir la viande salée à deux sous la livre, l'huile à sept sous, le café à vingt sous, lorsqu'il se consomme en France, ô dérision ! pour 10 millions de cette abominable substance appelée chicorée. Il est vrai que certains cafés paient à l'entrée le droit exorbitant de 132 p. 100.

Tels sont, indiqués à vol d'oiseau, les enseignements que les partisans des doctrines libre-échangistes peuvent tirer de l'exposition économique. Mais il est temps de quitter les considérations générales pour parler des objets que contient la galerie à bon marché.

Les produits admis dans l'annexe économique se divisent en quatre catégories : logement ; — ameublement, chauffage, éclairage, blanchissage, etc. ; — alimentation ; — vêtements.

L'industrie girondine étant seulement représentée dans les deux dernières divisions, nous ne parlerons pas des deux premières, qui, d'ailleurs, ne contiennent que des spécimens incomplets. L'idée de l'exposition a eu tant de peine à se faire jour, que lorsqu'elle est enfin parvenue à sa réalisation, il ne restait pas un temps suffisant pour obtenir des produits de toutes les catégories. Pour l'ameublement, par exemple, les ébénistes du faubourg Saint-Antoine, qui s'occupent de la confection des meubles à bas prix, se sont obstinément refusés à fournir des échantillons, et c'est un fabricant de meubles de luxe qui a exposé les chambres-modèles d'ouvriers que l'on peut voir à l'annexe économique. D'après ce que nous savons sur les prix et les procédés de la maison Beaufils, il nous semble que si l'on s'était adressé à temps à notre habile compatriote, il eût pu présenter de remarquables spécimens d'ameublements populaires.

La partie la plus brillante de l'Exposition à bon marché est sans contredit celle qui contient les objets de vêtements. Nous avons déjà parlé des draps autrichiens à 5 fr. 05 le mètre. La fabrique prussienne a exposé des étoffes de laines chaudes et souples à 0 fr. 70 le mètre. Un paletot de cette étoffe coûterait 2 fr. 50. — En comparant les draps français à 7, 8, 9 et 10 fr., on voit que, même dans ce dernier prix, ils ne valent pas les produits de l'Autriche, de moitié moins chers. Quand le droit sur les laines sera abaissé, l'habileté de nos drapiers nationaux est assez connue pour qu'on puisse affirmer que le rapport sera renversé.

La confection en vêtements a exposé des objets qui sont de véritables miracles d'économie. La *Belle-Jardinière,* de Paris, tient le premier rang, et à côté d'elle nos confectionneurs bordelais MM. Bloc et Silliman.

Parmi les produits de M. Bloc, on a surtout remarqué un caban, dit *Sébastopol*, sans doute parce qu'il est établi en prévision des plus mauvais temps. Parfaitement confectionné, et d'une étoffe solide et chaude, le caban-Sébastopol ne coûte que 14 fr. Il est à peu près certain que chez un tailleur ordinaire, le prix de main-d'œuvre égalerait le coût total du vêtement. Dans le même genre de produit, il faut aussi signaler des vareuses en drap, doublées de laine, du prix de 12 francs.

M. Bloc a exposé aussi un gilet de peluche, article fort en vogue cette année, à 7 fr.; des pantalons d'hiver, nouveauté, fort élégants, à 8 fr. En supposant l'achat de l'étoffe par le consommateur, il est impossible que la façon et les fournitures d'un pareil objet ne s'élèvent pas de 4 à 5 fr. Voilà bien le luxe et l'élégance relativement placés à la portée des plus humbles bourses.

Cet industriel a été récompensé par une médaille de deuxième classe.

Les chemises de M. Silliman donnent lieu aux mêmes réflexions, et grâce à lui, il n'est plus permis, même aux moins riches, de se passer de ce vêtement, ignoré des anciens et qui forme la base fondamentale de la toilette moderne. M. Silliman confectionne des chemises en calicot blanc à 1 fr. 55 ; — en indienne de couleur, à 1 fr. 76 ; — en calicot, mais mieux soignées, à 1 fr. 78 : un surcroît de soins de *deux* centimes ! cela semble dérisoire s'il ne s'agit que d'une seule chemise ; mais si cette augmentation s'applique à vingt ou trente mille objets de même espèce, il en va tout autrement. — Continuons : des chemises en coton écru à 1 fr. 80; — en calicot, petits plis à la mécanique, 1 fr. 95; — en indienne, grande largeur, 2 fr 08 et 2 fr. 31 ; — blanches, en madapolam, à plis crevés, 2 fr. 42 et 2 fr. 50 ; — enfin, des chemises à devants Montechristo, 2 fr. 92. — Les devants Montechristo sont les colonnes d'Hercule de ce luxe populaire. — Comme les vêtements de M. Bloc, les chemises de M. Silliman ont été très-remarquées. Nous avons déjà dit ailleurs quelle était l'importance de la confection bordelaise au point de vue de l'exportation. Qu'on suppose l'établissement de lignes de paquebots transatlantiques réguliers, et les diverses industries auront quintuplé leur production en moins d'une année. M. Silliman a obtenu une mention honorable.

Passons aux substances alimentaires : la France seule a exposé des produits de cette catégorie à l'annexe à bon marché, et nous retrouvons les noms déjà cités par nous : MM. Malineau, Rodel, Colomès et Andure, Louit frères, Dufour et Ce, Trénis, Cabannes et Roland, et Foussat frères.

Nous ne voulons pas revenir ici sur ce que nous avons déjà dit en parlant de chacun de ces fabricants en particulier ; nous nous bornerons à l'énumération des objets exposés dans la galerie économique.

Ceux de M. Malineau devaient naturellement y trouver place, puisque cet industriel, grâce aux bénéfices réalisés par lui dans l'exploitation du système de bouchage dont il est l'inventeur, peut donner tous les produits qui sortent de sa fabrique à des prix inférieurs à ceux de ses concurrents. Déjà récompensé par une médaille de 2e classe, les produits à bon marché de M. Malineau lui ont valu une médaille de 1re classe.

MM. Rodel ont exposé des fruits en bouteille à 2 fr. 25 c.; — des sardines à l'huile à 4 fr. 50 c. la boîte de 120 à 130 poissons; — enfin des conserves de bœuf bouilli pour équipages à 30 c. la ration de 187 grammes. Comme le précédent, MM. Rodel, déjà récompensés, ont obtenu une médaille de première classe.

Nos fabricants de chocolats et de fruits conservés, MM. Louit frères, Dufour et Ce, Colomès et Andure, ont été récompensés de leur exposition à la galerie économique, chacun par une médaille de 2e classe. MM. Colomès et Andure, entre autres, avaient exposé des chocolats à 1 fr. 60 c., 1 fr. 80 c. et 2 fr. le kilogramme.

Les biscuits de MM. Trénis sont les mêmes que ceux que nous avons eu à examiner dans la grande Exposition. On sait que, grâce au procédé mécanique employé par ces industriels, il leur a été possible de fournir aux armateurs, à 30 fr. les 50 kilog., le même biscuit qui précédemment coûtait 36 fr. Cette énorme diminution de 6 fr. sur une quantité de 50 kil. marquait à l'avance leur place dans la galerie à bon marché.

Par les mêmes motifs, MM. Foussat ont exposé dans l'annexe leurs riz communs rendus aussi agréables à l'œil et aussi bons que les riz de qualité supérieure, par suite de leur excellente méthode de décortiquage. Le Jury a décerné à ces messieurs une médaille de 2e classe.

MM. Cabannes et Roland, au milieu de leur belles farines de la grande exposition, ont choisi celles qu'ils extraient, au moyen du sasseur Cabannes, des résillons gros et des repasses fines. De ces matières, jusqu'ici employées aux plus vils usages, MM. Cabannes et Roland savent tirer des farines et des semoules de première qualité. Ces produits, présentés à la galerie économique, leur ont valu une médaille de 2e classe.

L'emploi du sasseur de M. Cabannes introduit dans le prix des semoules une différence dans la proportion de 50 cent. à 5 fr. C'est le bon marché appliqué à la main-d'œuvre d'objets de consommation constante.

La récompense accordée aux chefs de la fabrique de Paludate est largement justifiée.

Telle a donc été la part faite à ceux de nos exposants bordelais qui se sont fait représenter à la galerie économique : tous ont été jugés dignes de récompense. Nous nous félicitons d'autant plus de ce succès, que la Galerie, on le sait, doit rester ouverte d'une manière permanente. Cette nouvelle institution rendra de grands services à la moralité, à l'hygiène et au bien-être du peuple ; elle en rendra aussi au commerce, car on peut la considérer comme une lice ouverte aux industriels assez intelligents pour comprendre qu'il y a de vastes débouchés à créer tout près de nous, en faisant naître, par la modicité des prix, de nouvelles classes de consommateurs. Le bon marché est le mystérieux *Césame* qui peut ouvrir plus de bourses et attirer des chalands plus nombreux que ceux qu'on va à grand'peine chercher au-delà des mers.

Dans une brochure publiée il y a une vingtaine d'années, un écrivain méridional, examinant qu'elles étaient les causes de l'affaiblissement du commerce de Bordeaux et quels seraient les moyens d'y remédier, concluait en conseillant aux habitants de la Gironde de perfectionner les procédés d'agriculture, d'améliorer et de multiplier les voies de communication intérieure, de créer certaines industries nouvelles, indiquées à l'avance par les produits du sol et la situation géographique du pays, enfin de tirer parti des richesses enfouies dans les solitudes landaises en les sillonnant de chemins et de canaux, en les assainissant et les colonisant. Les lecteurs qui ont bien voulu nous suivre dans nos études sur les produits girondins exposés au Palais de l'Industrie, ceux qui connaissent l'état actuel du département et les profondes transformations qu'il a subies, peuvent dire aussi bien que nous si une notable partie de ce programme n'a pas été réalisée.

Aujourd'hui, en effet, non-seulement la Gironde possède un réseau presque complet de chemins vicinaux et de routes départementales, mais encore elle est traversée par plusieurs voies ferrées. Bordeaux est d'un côté relié à Paris par le chemin de fer d'Orléans, de l'autre à la frontière espagnole par le chemin de fer de Bayonne. Il sera bientôt en communication avec Lyon et la Méditerranée, et le Grand-Central le rattachera par plusieurs ramifications aux dix ou douze départements dont il est la capitale naturelle.

Voici pour la première partie du programme exposé plus haut. Les réformes qui correspondent aux autres offrent des résultats qui ne sont pas moins satisfaisants.

Ainsi, l'éternelle question de la mise en culture des landes, déjà considérablement avancée par la création d'un canal et d'une voie ferrée, est proche d'une solution définitive, et, au Palais de l'Industrie même, on a pu voir des preuves irrécusables de l'avenir magnifique qui attend cette moitié de notre département, trop délaissée jusqu'ici. L'agriculture girondine a été récompensée de ses efforts vers le progrès dans la personne d'un de nos grands propriétaires. Enfin, il a été constaté que nos industries anciennes s'étaient remarquablement perfectionnées et avaient su s'ouvrir des débouchés nouveaux ; que nos industries nouvellement nées étaient prospères et vivaces, et que la Gironde, récemment entrée dans une voie de développement manufacturier, y marchait déjà à pas de géant.

Nous avions donc raison de dire, au début de ce petit livre, que nous allions dresser l'acte de nativité de Bordeaux moderne. Nous l'avons fait sans faux enthousiasme, mais aussi sans mesquin abus de la critique, qui est très-souvent inféconde, qui est toujours dangereuse lorsqu'on l'applique à un début.

Résumons maintenant, en quelques chiffres, l'ensemble des récompenses obtenues par nos compatriotes à la distribution du 15 novembre dernier : Deux grandes médailles d'honneur, — on sait combien le jury s'est montré peu prodigue de cette suprême distinction ; — une médaille d'honneur ; — dix-sept médailles de première classe ; — quarante-sept médailles de deuxième classe ; — trente-huit mentions honorables, telle a été la part faite aux industriels du département de la Gironde. Et si l'on étudie la liste générale des récompenses publiée par le *Moniteur,* on reconnaît que bien des principautés étrangères, bien des petites monarchies allemandes ne pourraient présenter des résultats aussi considérables. Et pourtant, nous avons eu mainte fois occasion de remarquer, que par des motifs plus ou moins acceptables, plusieurs de nos fabricants s'étaient retirés du concours, et même que certaines industries avaient refusé ou négligé d'entrer en lice. Malgré cela, le département de la Gironde compte à lui seul plus de succès que tout le reste du bassin de la Garonne pris en masse.

Certes, on doit se réjouir de ce triomphe, surtout parce qu'il contient d'infaillibles présages pour l'avenir. Néanmoins, il ne faudrait pas non plus y voir un signe d'apogée ; on se tromperait entièrement. Bordeaux débute avec bonheur dans la carrière industrielle, il est vrai, mais ce qui a déjà été fait n'a de valeur que comme prélude de ce qui bientôt se fera. Si les distinctions accordées à nos produits par le jury international réussissent à éveiller parmi nos compatriotes cet esprit d'entreprise, cette hardiesse de conceptions qui caractérisèrent autrefois les commerçants bordelais, l'Exposition universelle aura assez fait pour le département de la Gironde, et de l'année 1855 datera la régénération de Bordeaux.

TABLE DES MATIÈRES.

	Pag.
INTRODUCTION	1
I. — PRODUITS DES LANDES	9
Pins et chênes de M. Chambrelent	14
Procédé d'injection de M. Boucherie	23
Acacias de M. Moussillac	26
Riz de M. Féry	30
II. — AGRICULTURE	31
Drainage	*Ib.*
Outils aratoires de M. Hallié	39
— de M. Maréchal	43
— de M. Troubat	45
— de MM. Lousteau et Dussacq	*Ib.*
— de M. Boireau	46
III. — SUBSTANCES ALIMENTAIRES	47
MM. Foussat frères	48
Cabannes et Roland	49
Trénis fils et Ce	53
Malineau et Ce	56
Teyssonneau	57
Rodel et fils frères	58

MM. Tertre........................ 60
J. Fau........................ *Ib.*
Dufour et Ce................... 61
Colomès et Andure.............. 62
Louit frères................... 63
Droz et Jourde................. 66
Delmas et Ce................... *Ib.*
Marie Brizard et Roger.......... 68
IV. — VINS DE LA CHAMBRE DE COMMERCE.. 69
Propriétaires récompensés........... 79
V. — CONSTRUCTIONS MARITIMES............ 81
Modèle de M. Arman................ 83
Envoi de M. Guibert neveu........... 87
Harpon du capitaine Hubert.......... 89
Canon-espingole de M. Chabry....... *Ib.*
VI. — FERS, FONTES, ACIERS, MACHINES.... 91
Fontes moulées de MM. Maldant et Cousin........................ 92
Aciers de M. Jakson................ 93
Turbine de MM. Cousin frères........ 97
Machine à vapeur de M. Maldant...... 98
M. Dietz.......................... 100
Ventilateur de M. de Lacolonge....... 102
Pétrin mécanique du Dr Raboisson.... 103
Romaines et bascules de M. Michel.... 106
Pierre à étamer de M. Jaquetti........ 107
Micromètre de M. Laporte........... 108
Procédés de barrages de M. Thénard.. 111
Appareil pour tailler les verres de M. Stewart...................... 112
Serrurerie de M. Vaissier............ *Ib.*
— de M. Faget.............. 113
VII. — ARTS CHIMIQUES.................... 115
Produits chimiques de MM. Tessier, Damas et Mazonobe....... 118
— de M. Renault............. 122
— de MM. Mangeot, Loyer et Ce. 123

Produits de M. Fleury.............. 123
— de M. Tessier.............. 124
— de M. Blétery.............. 125
— de M. Fritz-Sollier.......... *Ib.*
Cuirs de M. Monneins fils............ 127
— de M. Raymond aîné........... 128
— de MM. Dubois et fils.......... *Ib.*
— de M. Seutin.................. 129
Papiers de M. Vorster............... 130
— de M. Bernard............... 132
VIII. — SOIE, LAINES, TAPIS................. 133
Soies grèges de M. André Jean....... 136
— de M. Sébastien Roger... 140
— de M. le comte de Bromo Bronski.............. 141
Laines filées, tapis et couvertures de MM. Laroque et Jaquemet..... 144
— de M. F. Boinot.............. 148
Nattes de M. Lambert.............. 149
IX. — LA CÉRAMIQUE...................... 151
Faïences et porcelaines de M. Vieillard. 153
Poterie de M. Fouragnan............ 158
Tuyaux de drainage de MM. Clamagéran et Roberty....................... 159
X. — MEUBLES, DÉCORATION, CARTONNAGES, BIJOUX.................... 163
Meubles de M. Beaufils.............. 166
— de MM. Rache et Simonnet... 172
— de M. Eug. Delmas.......... 173
Lit de M. Kissel.................... *Ib.*
Billàrds de M. Gaubert.............. *Ib.*
Panneau sculpté de M. Lagnier....... 174
Autel en marbre de M. Jaboin........ 175
Cadres de M. Ortet.................. 177
Cartonnages de MM. Cerf et Naxara... *Ib.*
Bijoux de MM. Darlay et Latreille..... 178
Voitures de M. Bergeon............. 180

XI. — OBJETS DE TOILETTE; GALERIE A BON MARCHÉ........................ 183
Chapeaux de MM. Besson, Vincendon et Poumaroux.................... *Ib.*
Chapeaux de paille de M. Cloès....... 185
Objets de confection de M. Bloc...... 186
Chemises de M. Silliman............. 187
— de MM. Chaîne............. 188
Objets divers de l'Institution des Sourds-Muets de Bordeaux............... *Ib.*
Un mot sur la chaussure............ *Ib.*
GALERIE A BON MARCHÉ............. 191
Conclusion.............................. 205

www.ingramcontent.com/pod-product-compliance
Ingram Content Group UK Ltd.
Pitfield, Milton Keynes, MK11 3LW, UK
UKHW022056260726
13993UKWH00001B/145

9 782019 969691